A ESCRITA DOS LÍDERES

KENNETH ROMAN
E JOEL RAPHAELSON

A ESCRITA DOS LÍDERES

Tradução de
CLAUDIA GERPE DUARTE

Apresentação de
PIO BORGES

1ª edição

best
business
RIO DE JANEIRO – 2016

CIP-BRASIL. CATALOGAÇÃO NA PUBLICAÇÃO
SINDICATO NACIONAL DOS EDITORES DE LIVROS, RJ

R663c
Roman, Kenneth
    A escrita dos líderes / Kenneth Roman, Joel Raphaelson;
tradução Claudia Gerpe Duarte. – 1ª ed. – Rio de Janeiro:
Best Business, 2016.
    240 p.; 14 × 21cm.

    Tradução de: Writing that Works
    Prefácio
    ISBN 978-85-68905-20-3

    1. Comunicação. 2. Comunicação escrita. I. Raphaelson, Joel.
    II. Título.

16-33650

CDD: 302.23
CDU: 302.23

A escrita dos líderes, de autoria de Kenneth Roman e Joel Raphaelson.
Texto revisado conforme o Acordo Ortográfico da Língua Portuguesa.
Primeira edição impressa em setembro de 2016.

Título original norte-americano:
WRITING THAT WORKS

Copyright © 2000 by Kenneth Roman e Joel Raphaelson.
Publicado mediante acordo com P.B. Participações, Rio de Janeiro, Brasil.
Todos os direitos reservados. Proibida a reprodução, no todo ou em parte,
sem autorização prévia por escrito da editora, sejam quais forem os meios
empregados.

Design de capa: Rafael Nobre e Paula Cruz/Babilonia Cultura Editorial,
com imagem iStockphoto.

Direitos exclusivos de publicação em língua portuguesa para o Brasil
adquiridos pela Best Business, um selo da Editora Best Seller Ltda. Rua
Argentina 171 – 20921-380 – Rio de Janeiro, RJ – Tel.: (21) 2585-2000 que se
reserva a propriedade literária desta tradução.

Impresso no Brasil

ISBN 978-85-68905-20-3

Seja um leitor preferencial Best Business.
Cadastre-se e receba informações sobre nossos lançamentos e nossas
promoções.

Atendimento ao leitor e vendas diretas: sac@record.com.br ou (21) 2585-2002.
Escreva para o editor: bestbusiness@record.com.br.

www.record.com.br

Se a linguagem não estiver correta,
o que é dito não é o que se queria dizer;
Se o que é dito não é o que se queria dizer,
Então o que deveria ser feito continua sem ser feito.

— CONFÚCIO

Agradecimentos

Agradecemos a nossos colegas, que contribuíram com sua sabedoria e experiência para esta edição:

Seth Alpert, John Bernstein, Drayton Bird, Albie Collins, Jim Colosi, Scott Cutler, Ron Daniel, Terri Dial, Dio Dipasupil, Ron Eller, Qazi Fazal, Manny Fernandez, David Frieder, France Gingras, Greg Hackney, Harold Kahn, Mike Kelley, Peter Larson, Giancarlo Livraghi, Murray Low, Pete Lupo, Dudley Lyons, Toni Maloney, Louise McGinnes, Kent Mitchel, Jane O'Connell, Matthew Raphaelson, Charles Rashall, Chris Reid, Mike Reynolds, Mike Roberts, Karen Rosa, Randall Rothenberg, Angus Russell, Jason Spero, Bob Stearns, Michael Trent, David Vining, Ray Wareham, Bill Wright.

Sumário

Apresentação • 11

Prefácio: Por que uma terceira edição? • 15

1. Escreva e apareça • 19

2. Não enrole — e outros princípios da redação eficaz • 26

3. "Adoro meu computador" • 55

4. E-mail — a grande caixa de correio no céu • 65

5. Memorandos e cartas que dão resultado • 87

6. Como escrever para uma plateia: apresentações e discursos • 119

7. Planos e relatórios que fazem com que as coisas aconteçam • 144

10 | A ESCRITA DOS LÍDERES

8. Recomendações e propostas que vendem ideias • 161

9. Como pedir dinheiro: cartas de vendas e de angariação de fundos • 174

10. Como lidar com o politicamente correto • 191

11. Como elaborar um currículo — e conseguir uma entrevista • 197

12. Edite a si mesmo • 222

13. Torne a leitura fácil • 230

Apresentação

Kenneth Roman e Joel Raphaelson escreveram este livro para demonstrar – e ensinar – como usar as palavras e conseguir que todos entendam o que você escreveu. A primeira edição foi em inglês, mas poderia ter sido em qualquer língua. As regras que eles propõem são um caminho para chegar às palavras certas por meio do raciocínio bem desenvolvido. O grande segredo é este: só podemos escrever bem se formos capazes de pensar com clareza. Isso vale para qualquer língua e para diversas situações, desde escrever bilhetes, e-mails e currículos até relatórios anuais de grandes empresas. Se você pensar com clareza, vai conseguir escrever de forma que todos entendam.

Este não é um livro sobre gramática. Mas é sobre como resolver o problema mais antigo de quem escreve: ser capaz de fazê-lo de maneira tangível. É preciso respeitar e valorizar a inteligência de quem vai ler seus textos e também ter em mente que a paciência de quem lê desaparece como num passe de mágica quando a sua atenção é alertada para um erro, uma bobagem ou um exagero plantado no texto. O leitor faz, então, a coisa mais lógica: deixa o texto de lado.

Esta é a primeira tradução para o português de *Writing that Works*, feita com precisão e eficiência por Claudia Gerpe Duarte. Você só tem a lucrar com a leitura, seja um autor

12 | A ESCRITA DOS LÍDERES

de textos dos mais simples aos mais complicados. Desde redatores de anúncios ou e-mails para associados de um clube a parceiros de universidades.

Conheci este livro quando o recebi de Ken Roman em uma viagem que ele fazia ao Brasil como presidente mundial das agências Ogilvy & Mather, onde eu trabalhava. Eu o achei genial desde que folheei as primeiras páginas.

Por que nunca pensei em escrever um livro assim?

Logo em seguida mostrei o meu exemplar ao Ênio Silveira, diretor da Editora Civilização Brasileira, pela qual eram publicados alguns dos mais importantes autores brasileiros e internacionais. Queria confirmar se minha opinião sobre a obra não estava influenciada pela relação que tinha com Ken. Queria saber se ele, que havia editado tantos livros de qualidade que tratam dos mais variados temas, achava que o livro seria bom para quem escrevesse em português e não falasse e pensasse somente em inglês.

Ênio, entusiasmado, achou que o livro valia pelo que ensinava em cada página. Num bilhetinho escrito à mão elogiou o trabalho e ainda disse que sua tradução mereceria uma revisão técnica feita por alguém como ele, que já se apresentava como candidato para fazer o trabalho. Informei ao Ken sobre o entusiasmo de Ênio e fiquei com o meu exemplar como obra de referência e como inspiração para orientar todos os redatores e os alunos que procuraram melhorar seus textos.

O tempo passou e o lançamento da tradução de *Writing That Works* acabou em uma lista de coisas a fazer no futuro. Chegamos ao século XXI e a terceira edição atualizada do livro foi lançada com conselhos sobre como aplicar as dicas às comunicações on-line. O que já era bom se tornou ainda melhor. As edições anteriores chegaram a 100 mil exemplares e eram a prova definitiva de que eu estava sendo negligente com aquela grande ideia. Estava na hora de compartilhá-la com todos os redatores e leitores brasileiros. Repeti o que havia feito com Ênio Silveira, agora com a Best Business, uma editora do Grupo Record, que não só se interessou em publicá-lo no Brasil como me pediu que escrevesse estas palavras como uma apresentação da edição brasileira. A melhor forma de demonstrar sua clareza está em você. E a este texto junto um desafio que será definitivo: abra agora o livro em qualquer página – qualquer página mesmo –, e leia o que Ken e Joel escreveram ali. Se você, tal como eu e o falecido Ênio Silveira, não ficar fascinado pelo texto, não compre o livro. Mas, se você também ficar encantado pelo que leu, garanto que vai querer ter o seu exemplar como um livro de referência **e também como livro de cabeceira**.

Em agências de publicidade ele pode se tornar o livro mais consultado tanto por redatores experientes como por estagiários que terão acesso a informações que só se acumulam com muitos anos de redação. E, fora de redações profissionais, este livro pode ser a ferramenta técnica para quem escreve discursos. Pode ser a diferença entre uma mensagem que não interessa, por ser mais uma como todas as outras, ou a ocasião que fará seu autor ser reconhecido como um administrador capaz de fazer o que está falando e ser compreendido por você em tudo o que disse.

Pio Borges*

---

*Luiz Pio Borges é fundador e membro vitalício do Conselho da Associação Brasileira de Marketing Direto, a ABEMD. Também é autor de livros sobre o tema, mantém um blog – o Almanaque do Pio – e dá aulas de marketing direto. (*N. do E.*)

Prefácio:

Por que uma terceira edição?

A primeira edição deste livro foi escrita em uma máquina de escrever — entregamos um original datilografado para a editora. A segunda edição foi escrita em computadores, e entregamos um original impresso. Esta edição foi escrita em computadores e enviada por e-mail para nosso editor — não houve original, nem mesmo um disco físico.

Isso exemplifica uma das mudanças na maneira como as pessoas se comunicam que nos levaram a realizar uma revisão meticulosa. O e-mail se tornou tão onipresente em nossas vidas que adicionamos um capítulo e revisamos vários outros para determinar completamente sua influência. Outra mudança recente é o gradual desaparecimento do memorando interno — em muitos casos substituído pelo e-mail, em outros, pelo uso de slides.

Nosso propósito, contudo, permanece inalterado. Criamos este livro para ajudar os milhões de escritores não profissionais que precisam usar a palavra escrita para obter resultados — nos negócios, no governo, na educação, nas artes. Esse ainda é nosso objetivo.

Não que tenhamos encontrado algum motivo para abandonar os *princípios* que apoiamos. Pelo contrário, a velocidade e a facilidade do e-mail e do processamento de texto são um convite para uma escrita desleixada. A substituição do papel pela tela do computador não altera a necessidade da comunicação clara e precisa. E substituir um memorando formal por um slide com marcadores não justifica um pensamento descuidado.

Na segunda edição, introduzimos algumas ideias sobre como evitar as armadilhas da linguagem sexista. Expandimos esse assunto em um capítulo separado sobre o politicamente correto — e o quanto isso deve ou não influenciar a maneira como você escreve.

Ao longo do livro, renovamos exemplos e avivamos ideias praticando o que pregamos a respeito da edição. Nossa experiência no mundo dos comerciais de trinta segundos nos ensinou a podar o supérfluo para revelar a essência, o que nos ajudou a manter este livro conciso e nossa mensagem acessível.

Nada do que se segue é acadêmico ou teórico. Você encontrará recomendações pelas quais poderá se guiar sempre que precisar converter uma tela ou papel em branco em carta, memorando, relatório, recomendação, proposta, discurso ou currículo. Você obterá ajuda a partir de exemplos, lado a lado, de textos bem e mal-escritos.

"Há várias gerações o telefone destruiu a arte da escrita executiva. Agora, ela está pronta para uma reaparição" — foi o que noticiou o *Wall Street Journal*, assinalando que o e-mail manda todos de volta aos teclados. Não é surpreendente que as empresas estejam organizando cursos de redação.

A escrita eficaz é difícil, mesmo para quem escreve muito bem (até mesmo em um computador), mas os princípios são simples. Eles não requerem um talento fora do comum ou habilidades especiais. São fáceis de entender e de ser colocados em prática. O que você precisa é de um grau de determinação — a perseverança necessária para ter certeza de que disse o que queria dizer. O objetivo deste livro é diminuir suas dificuldades e aumentar sua confiança para que consiga fazer isso e obter os resultados almejados a partir de tudo o que escrever.

1. Escreva e apareça

"Muitas mensagens que recebo não fazem sentido", comenta um proeminente CEO. "Elas não dão a entender que medidas o autor do texto quer que eu tome. São pura perda de tempo." Poderíamos preencher dezenas de páginas com queixas desse tipo. "Pouco claros", "mal-escritos" ou "confusos" é a opinião de vice-presidentes de duzentas das principais empresas norte-americanas a respeito de um terço dos textos comerciais com que se depararam. O secretário de Educação de Nova York, frustrado com o fato de um enorme número de cartas e memorandos que passavam por seu gabinete serem "confusos" ou "não responderem às perguntas com diligência", determinou que seus 250 principais funcionários fizessem um curso de redação. E assim por diante. Isso resulta em um coro que lamenta o fato de que pouquíssimas pessoas são capazes de colocar uma ideia em palavras que a tornem clara, a exponham com precisão e não tomem mais tempo do leitor do que o necessário. Entretanto, a clareza, por mais desejável que seja, não é a meta. A meta é uma comunicação eficaz — uma redação que *funcione*.

20 | A ESCRITA DOS LÍDERES

O que o leitor precisa saber para compreender o relatório recebido e endossar as conclusões deste último? Para aprovar seu plano e pagar por ele? Para responder rapidamente seu e-mail? Para enviar dinheiro para sua instituição beneficente, seu candidato, seu produto ou serviço? Para chamá-lo para uma entrevista de emprego? Para tomar a decisão comercial correta?

Não é muito provável que você obtenha os resultados que procura com um texto nebuloso, prolixo, cheio de jargões e com ideias desordenadas. Da mesma forma, considera-se improdutivo o que dois professores de Stanford, Jeffrey Pfeffer e Robert I. Sutton, chamam de "conversa empolada". Em um artigo da *Harvard Business Review* de 1999, os professores identificam a conversa empolada como um dos maiores obstáculos para a tomada de medidas nos negócios. Uma das características desse tipo de conversa é que ela é desnecessariamente complicada ou abstrata (ou ambos). É raro as pessoas agirem movidas pelo que não conseguem entender; e é ainda menos provável obter bons resultados quando entupimos o leitor de informações dispersas — de maneira a não conduzir a determinada ação — ou não ser relevantes para o entendimento do assunto.

Até o governo federal dos Estados Unidos está começando a reconhecer os benefícios da escrita simples e clara. A Comissão de Valores Mobiliários e Câmbio [Securities and Exchange Commission] do país inaugurou o movimento da linguagem simples, determinando que as empresas de fundo mútuo voltassem a redigir seus prospectos. A Administração de Benefícios dos Veteranos [Veterans Benefits Administration] treinou funcionários da divisão de seguros para que escrevessem com mais clareza, fazendo a taxa de resposta às cartas enviadas aumentar — o que resultou em uma economia de US$500 mil por ano.

As empresas estão começando a perceber como a comunicação confusa atravanca os centros de serviços, e como a comunicação clara os torna mais eficientes e competitivos.

É possível seguir estes passos: primeiro, determinar o que você quer que o leitor faça, para em seguida listar as três coisas mais importantes que ele precisa entender para tomar essa medida, e *só então* começar a escrever. Quando terminar, pergunte a si mesmo o seguinte: "Se eu fosse o leitor, agiria movido pelo que está escrito?"

As pessoas que escrevem bem acabam se dando melhor

Para fazer com que pessoas atarefadas entrem em ação, seu texto precisa ir direto ao ponto; precisa exigir o mínimo possível de tempo e esforço da parte do leitor. A importância de seguir essa máxima é proporcional à importância do leitor. Em qualquer nível, é provável que os leitores estejam mergulhados em papelada, em um fluxo contínuo de e-mails, ou em ambos. Os executivos juniores podem se sentir na obrigação de examinar tudo o que recebem, mas o presidente da empresa não se sente assim — e com certeza não fará isso.

Eis o que um executivo sênior diz a respeito de determinado cliente:

> *A mesa dele em geral é limpa e vazia, mas sei que existe uma pilha de papéis gigantesca na vida desse homem. Se eu quiser que ele leia o memorando pessoalmente, é melhor ir direto ao ponto e ser o mais claro possível. Caso contrário, ele simplesmente delegará a leitura a outra pessoa, acrescentado um bilhete irritado pedindo a tradução.*

22 | A ESCRITA DOS LÍDERES

Quanto melhor você escrever, menos tempo seu chefe precisará gastar reescrevendo seus textos. Se você é ambicioso, procure tornar mais fácil a vida dos que estão acima de você. A redação de má qualidade retarda os processos, enquanto a boa redação os acelera.

Algumas pessoas vão conhecê-lo apenas pelo que você escreve. Esse pode ser seu ponto de contato mais frequente, ou o *único*, com indivíduos relevantes para sua carreira — clientes importantes, ou até a alta cúpula de sua empresa. Para essas pessoas, o que você escreve representa quem você é. Revela como sua mente funciona. Sua redação é vigorosa ou vazia, hábil ou desajeitada, animada ou desinteressante? Os leitores que não o conhecem vão julgá-lo a partir dos indícios existentes em seus textos.

O juízo que fazem de você inclui, especificamente, os indícios encontrados nos e-mails escritos às pressas. Muitos ficam surpresos ao saber que os leitores de e-mails não abandonam seus padrões apenas porque estão olhando para uma tela, e não para um pedaço de papel.

> *"Por ser apenas um e-mail", declara Christie Hefner, CEO da Playboy Enterprises, "as pessoas acham que não precisam seguir as regras da gramática, escrever as palavras de forma correta ou se dar ao trabalho de redigir um bom texto. Isso é extremamente irritante".*

Todos reparam no que é escrito às pressas, no que é prolixo, na grafia e na gramática sofríveis que são vistas como sinal de ignorância ou desleixo.

O ideal é se ater à linguagem-padrão e observar as convenções de grafia e pontuação. Não recomendamos isso em razão de uma meticulosidade acadêmica, e sim por observar como as coisas são. Se você escrever "haviam (errado) muitas pessoas na reunião" em vez de "havia (correto) muitas pessoas na reunião", nem todos os leitores detectarão seu lapso, a depender do contexto. Mas os que notarem podem ser exatamente aqueles que devem ser levados em conta. Ainda parece haver alguma correlação entre a idade de um indivíduo e sua proficiência na leitura e na escrita.

Os assuntos importantes geralmente são examinados na forma escrita — seja em um documento a ser analisado em particular ou em uma apresentação formal. Não basta que você saiba tudo a respeito do assunto: é preciso tornar as coisas claras para alguém que tem apenas uma fração de sua especialização. Acima de tudo, é preciso expressar seu ponto de vista de maneira persuasiva. Já vimos centenas de textos que defendem uma ideia com entusiasmo vigoroso, mas encontramos um número espantosamente pequeno de textos que a defendem de maneira persuasiva. Não raro, o argumento em si é bom, mas o autor acaba se autodestruindo de algumas ou de todas as maneiras que examinaremos mais adiante.

"É uma lei imutável dos negócios", declarou o ex-dirigente da ITT, Harold Geneen, "que palavras são palavras e promessas são promessas, mas só o desempenho é realidade". Por si só, a boa redação não garante o sucesso. Mas as palavras são mais do que palavras, e o desempenho sofrível com frequência pode ser associado à comunicação insatisfatória. Sua habilidade de escrever de maneira persuasiva pode ajudá-lo a fazer com que as coisas sejam feitas e suas metas sejam atingidas — hoje, este mês ou ao longo das décadas de sua carreira.

24 | A ESCRITA DOS LÍDERES

Reserve um tempo para escrever bem

Escrever melhor não significa escrever *mais*. Há uma enorme quantidade de papel em nossa vida — apesar do computador e do e-mail — e muito pouco tempo para que possamos ler tudo. Este livro sugere algumas das maneiras pelas quais melhorar sua redação pode fazer com que outras pessoas economizem tempo. Mas e o *seu* tempo? Embora você respeite o tempo dos outros, também precisa proteger o seu.

Escrever bem requer tempo. "As pessoas estão erradas quando dizem que só há 24 horas em um dia", observa o guru dos negócios Peter Drucker; "na verdade, existem apenas duas, talvez três, que podemos usar *produtivamente*, e a diferença entre os executivos atarefados e os eficazes é a maneira como eles usam esse tempo". Ser eficaz significa escolher seus pontos de interesse, concentrando a energia em um documento, projeto ou discurso que vá fazer diferença.

O que causa mais desperdício de tempo é mudar as coisas de uma pilha para outra enquanto nos afogamos em um mar de indecisão. Os executivos eficazes tentam lidar com os documentos uma única vez — o que é difícil de fazer, mas funciona. Eles excluem ou respondem e-mails imediatamente. Decidem rápido se devem responder, arquivar ou descartar o que recebem. Reagem instantaneamente às questões fáceis — respondendo aos e-mails ou escrevendo comentários direto nas cartas e memorandos, que são devolvidos na hora. Ou ainda enviam breves bilhetes escritos à mão com instruções, elogios ou críticas.

Os documentos importantes, por outro lado, precisam ser estudados. Leia-os com atenção, concentre-se nos argumentos principais e decida o que precisa ser feito. Pense em criar um "arquivo de incubação" para problemas complicados. Muitos desaparecem com o tempo. Outros requerem maior reflexão.

Não existe nenhuma regra que diga que você precisa responder ou arquivar tudo que lhe é enviado. O colunista da *Fortune* Stewart Alsop ficou tão atolado com a enxurrada de e-mails que recebia que a primeira coisa que fez foi parar de responder todas as mensagens, depois parou de ler muitas delas. Eis o raciocínio dele:

> *O fato de alguém me enviar uma mensagem não implica automaticamente uma obrigação minha de responder. Se isso fosse verdade, então seria lógico pensar que eu devesse permitir que desconhecidos governem minha vida. Não gosto dessa ideia. Assim, comecei a simplesmente excluir mensagens sem lê-las.*

Esse tipo de atitude permite que você tenha tempo para as coisas que são de fato importantes, em vez de só conseguir lidar com aquelas meramente urgentes. Ela o ajuda a colocar tudo em ordem — no escritório ou em casa — para as tarefas realmente relevantes. Os textos importantes que você escreve ocuparão uma posição elevada entre as outras mensagens.

O restante deste livro oferece conselhos específicos sobre habilidades e técnicas que o ajudarão a aproveitar bem o tempo que você gasta escrevendo. Implícita em cada página está a ideia — a *verdade* — de que o supremo poupador de tempo é a comunicação eficaz.

2. Não enrole — e outros princípios da redação eficaz

Quando Deus quis impedir a construção da Torre de Babel, não atingiu as pessoas com um raio. Ele disse: "... Venham, vamos descer e confundir a língua que falam para que não entendam mais uns aos outros."

Deus não conseguiu pensar em uma maneira melhor de impedir a construção da torre do que adulterar a comunicação. Embora o Senhor tenha confundido a linguagem de propósito, os seres humanos fazem isso inadvertidamente — ainda que com resultados semelhantes. As sugestões oferecidas neste capítulo o ajudarão a evitar esse destino para suas torres pessoais, sejam elas quais forem.

Acima de tudo, não enrole

Depois de decidir o que quer dizer, expresse-se com clareza. Damos menos atenção às pessoas evasivas do que àquelas que declaram o que desejam em alto e bom som.

Tenha em mente a máxima de E. B. White: "Quando for dizer alguma coisa, tome o cuidado de realmente dizer o que deseja. As chances de dizê-lo não são muito grandes."

Em vez disto...	... diga isto
De modo geral, é desejável que você comunique suas ideias de maneira direta e sem rodeios. Diminuir o tom e ser cuidadoso demais pode, em muitas circunstâncias, induzir o leitor a se desligar e divagar.	*Não enrole.*

Eis algumas outras sugestões:

1. Organize o texto de forma clara

A maioria das pessoas "escreve mal porque não consegue pensar com clareza", declarou H. L. Mencken. O motivo, de acordo com ele, é que "carecem de inteligência". Nós nos atrevemos a afirmar que você, na condição de leitor deste livro, tem inteligência suficiente para pensar com clareza. Você sabe organizar seus pensamentos de forma coerente, mas precisa tornar essa organização clara para o leitor.

Quando escrever qualquer coisa mais longa do que alguns parágrafos, comece esclarecendo o objetivo do texto.

O comitê propõe que a empresa invista US$1 milhão em uma biblioteca.

28 | A ESCRITA DOS LÍDERES

Primeiro é preciso que você mesmo saiba aonde quer chegar. Faça um resumo de suas ideias principais, colocando os pontos que as corroboram na posição adequada. Em seguida, faça um resumo para indicar ao leitor quais são essas ideias principais. Sublinhe e numere o título de cada seção importante. Isso tem o mesmo propósito dos títulos dos capítulos em um livro.

Encerre com um resumo. E tenha em mente que um *resumo* não é uma *conclusão*, não deve introduzir conceitos novos, e sim sintetizar, o mais brevemente possível, as ideias mais importantes apresentadas.

Se o documento chegar a uma conclusão — ou seja: o objetivo do texto —, o resumo também deve sintetizar isso para fixar os fundamentos da mensagem na mente do leitor.

Resumo: faça um esboço, use-o para ajudar o leitor, numere e sublinhe os títulos; sintetize.

Nota: alguns documentos mais extensos *começam* com um resumo, frequentemente chamado de "Resumo Executivo". Os mesmos princípios se aplicam.

2. Use parágrafos e frases breves, assim como palavras curtas

Cada edição do *Wall Street Journal* traz três artigos importantes que começam no topo da primeira página. Os primeiros parágrafos desses artigos nunca contêm mais de três frases. Muitos encerram apenas uma única frase.

As primeiras frases são sempre dinâmicas e compactas:

A tragédia começou quando o restaurante "comidinha da mamãe" demitiu minha mãe.

O culto a James Dean foi fomentado por sua morte precoce, o que não prejudicou nem um pouco sua cidade natal.

É oficial: Wall Street declara guerra ao sexismo.

Em contrapartida, veja um exemplo de frase inicial confusa com que as pessoas se deparam em seus locais de trabalho:

Este documento oferece a perspectiva da Argus, Mitchel & Dohn do ponto de vista do consumidor sobre a atual posição e crescimento potencial do Blake's Tea e do Jones's Tea, principais lançamentos de bebidas nacionais no mercado de chá inglês.

O público leitor do *Wall Street Journal* se estende bem além do setor de negócios e de Wall Street. Leitores e editores atribuem grande parte desse mérito à leitura fácil de seus textos.

Os editores do *Journal* colocaram em prática um princípio simples: é mais fácil ler frases e parágrafos breves do que os longos. E também mais fácil de entender.

Quanto às *palavras* curtas, não é o caso de dar as costas para as riquezas e sutilezas do idioma. Ninguém vai criticá-lo por usar uma palavra longa cujo significado exato não pode ser duplicado por nenhuma outra. Mas prefira usar sinônimos curtos para aquelas palavras longas que podem ser substituídas:

30 | A ESCRITA DOS LÍDERES

Prefira isto...	... a isto
Hoje	Atualmente
Usar	Utilizar
Pôr, colocar	Posicionar
Concluir	Finalizar
Criar	Produzir
Sempre	Continuamente

Recorrer a palavras longas, que em geral são mais abstratas do que as curtas, pode ser um sinal de que você não sabe muito bem o que quer dizer. Se reduzir as ideias à sua essência, provavelmente será capaz de expressá-las em palavras simples.

Eis como George Bernard Shaw, em seus dias de crítico musical, descreveu sua reação de choque a uma nova obra: *"Fiz com os meus ouvidos o que faço com os meus olhos quando encaro fixamente alguma coisa."* Tão logo Shaw descobriu qual fora sua reação invulgar, foi capaz de descrevê-la em uma sentença só com palavras de uma única sílaba.*

Shakespeare expressou uma emoção profunda em palavras extremamente simples. Eis o que diz o Rei Lear sobre o assassinato brutal de sua querida bobinha: *"A minha pobre bobinha foi enforcada. Não, não, não tens mais vida! Por que um cão, um cavalo, um rato têm vida e tu já não respiras? Nunca mais voltarás, nunca, nunca, nunca, nunca, nunca!"***

O *Reader's Digest* certa vez publicou um artigo em inglês sobre o poder das palavras curtas. A última frase ressaltava, para surpresa da maioria dos leitores, que nenhuma

---

*As palavras da frase original em inglês, *"I did with my ears what I do with my eyes when I stare"* têm apenas uma sílaba. (*N. da T.*)
**Tradução de Millôr Fernandes. (*N. da T.*)

KENNETH ROMAN E JOEL RAPHAELSON | 31

palavra no eloquente artigo de três páginas tinha mais do que uma sílaba.

3. Sua redação deve ter voz ativa — e própria

Os bons autores preferem a voz ativa à passiva sempre que possível — e isso pode ser feito na maioria das vezes. Os verbos na voz ativa conferem energia ao texto. É por isso que são chamados de *ativos*.

Essa simples prática também melhora seu texto, tornando-o mais pessoal. Parece o pronunciamento de um ser humano, em vez do de uma instituição. A voz passiva oculta quem está falando ou praticando a ação; a voz ativa revela.

Voz passiva, impessoal	Voz ativa, pessoal
Recomenda-se	*Recomendamos*
Ele deve ser informado	*Peça a Alice para informá-lo*
Sacrifícios pessoais estão sendo feitos, embora o grau de participação não seja absolutamente identificável.	*Vemos pessoas fazendo sacrifícios. Quantas? Não temos certeza.*

Muitos textos comerciais se perdem em rodeios na voz passiva porque os professores do ensino médio ensinaram aos autores que eles não deveriam começar frases com a palavra "Eu" e que não é recomendável usar a primeira pessoa do singular (preferindo "os trabalhos foram feitos por mim" a "eu fiz os trabalhos"). Mas existem várias maneiras excelentes de substituir verbos na voz passiva pela voz ativa.

Eis uma típica construção passiva acompanhada por alternativas na voz ativa:

Solicita-se respeitosamente que o senhor envie um representante à nossa conferência.

Esperamos que o senhor envie um representante.

Por favor, envie um representante...

Um representante de sua empresa seria muito bem-vindo...

O senhor consideraria a possibilidade de enviar um representante?

O senhor compreende quanto um representante de sua empresa contribuiria...

Sem um representante de sua empresa, nossa conferência seria um fracasso...

Você pode querer protestar dizendo que as alternativas sugeridas não dizem exatamente a mesma coisa. É verdade. No entanto, outra vantagem da voz ativa é que ela nos obriga a decidir exatamente o que queremos dizer, a sermos mais específicos.

4. Evite adjetivos e advérbios vagos

Um memorando se queixa de que o resultado infeliz de um projeto "foi razoavelmente inesperado". Razoavelmente? Como algo pode ser "razoavelmente inesperado"? Ou será que o autor quis dizer que uma pessoa razoável não teria esperado esse resultado? Dependendo da intenção, seria bem menos vago escrever o seguinte:

Poucos de nós esperávamos esse resultado.

Ou:

Embora eu não esperasse esse resultado, não foi uma completa surpresa.

Declare o que quer dizer com precisão:

Vago	Preciso
Gastos demasiadamente excedidos	*Gastos excedidos em US$10 mil*
Ligeiramente atrasado	*Um dia atrasado*

Alguns especialistas nos aconselham a eliminar adjetivos e advérbios por princípio. Não aconselhamos essa atitude. Os adjetivos e advérbios fazem parte do discurso, sendo frequentemente indispensáveis para nos expressarmos com clareza. Mas distinguimos entre os adjetivos e advérbios preguiçosos e os vigorosos. Os preguiçosos são usados com tamanha frequência em alguns contextos que se tornaram clichês:

Muito bom	*Grande* sucesso
Incrivelmente agradável	*Amplamente* merecido
Basicamente correto	Importância *vital*

34 | A ESCRITA DOS LÍDERES

Em contrapartida, os adjetivos e advérbios vigorosos enfatizam seu argumento:

Instantaneamente aceito	Aumento *minúsculo*
Rudemente rejeitado	Aperto de mão *vigoroso*
Breve reunião	Discurso *cansativo*
Apresentação *dinâmica*	Café *preto*
Instruções *desconcertantes*	Recomendação *lúcida*

Escolha adjetivos e advérbios que tornem suas frases mais precisas. Não os empregue como meros pontos de exclamação.

5. Use uma linguagem direta

O uso difundido do jargão profissional resulta mais do medo do que da arrogância, é a hipótese do Dr. Stephan Jay Gould, paleontólogo de Harvard, autor de 19 livros. "Quase todos os jovens acadêmicos passam a usar esse jargão por temer que, se não o fizerem, seus mentores ou as pessoas que os promovem poderão achar que eles não são sérios. Não consigo acreditar que alguém possa de fato *desejar* escrever dessa maneira."

Evite o jargão técnico ou comercial. Sempre há uma alternativa simples e prática que diz a mesma coisa que o vocábulo pretensioso da moda ou a abstração vaga. Uma pessoa considerada agressiva no ambiente de trabalho passou a ser chamada de "proativa" — supostamente indicando o oposto de "reativa". O que há de errado com "ativa", uma palavra prática? Ou, para mais ênfase, "que toma a iniciativa"?

"Reengenharia" é um termo que parece ter chegado para ficar e é usado em contextos que não têm nada a ver com engenheiros. Qualquer coisa que tenha sido modificada de alguma maneira tem a probabilidade de ser descrita como tendo "passado por um processo de reengenharia". Inclusive poderíamos ter dito que este livro "passou por um processo de reengenharia" — e ninguém relevante no mercado acharia isso absurdo. O que dissemos — que expandimos e atualizamos o livro — talvez seja menos instigante, mas comunica muito mais.

O emprego desse tipo de linguagem se tornou alvo de um jogo de escritório chamado Buzzword Bingo. Ele está presente nas salas de reunião por todas as partes dos Estados Unidos. Os jogadores monitoram discretamente os jargões emitidos por seus chefes, cada um esperando ser o primeiro da sala a completar um cartão semelhante ao do bingo que relaciona os jargões predominantes da empresa. Uma tosse discreta, em vez de um grito de *Bingo!*, anuncia o vencedor.

Frequentemente recomendamos às pessoas que escrevam do jeito que falam. No entanto, ocorrências como o Buzzword Bingo indicam uma tendência contrária: cada vez mais pessoas no setor de negócios parecem estar falando da maneira que escrevem.

O que esses jargões encerram de errado se torna óbvio quando eles chegam aos montes, que é exatamente a maneira como costumam chegar:

Jargão	Linguagem usual
Acredita-se que, com os parâmetros impostos por sua gerência, talvez seja difícil desenvolver um programa viável. Isso é indiscutível. Para que nosso programa cause o impacto ideal no consumidor, uma interface significativa com sua gerência poderá ser necessária.	*Acreditamos que os limites estabelecidos por sua gerência podem eliminar a chance de criarmos um programa eficaz. Se esperamos atingir nossa meta, o melhor a fazer é pedir à sua gerência que escute nossos argumentos.*

36 | A ESCRITA DOS LÍDERES

O tipo de texto que vemos à esquerda é prolixo e opressivo. É o que E. B. White chama de "linguagem de mutilação" — ela mutila seu significado. A linguagem à direita é mais direta. Ela ilumina seu significado.

6. Seja específico

Uma deficiência fatal em grande parte dos textos comerciais é o emprego excessivo de generalidades. O autor tem algo específico em mente, mas não o expressa por escrito, e cabe ao leitor adivinhá-lo. Leitores amistosos poderão ser indulgentes e até tentar adivinhar, mas o leitor neutro e o cético permanecerão desinformados e não serão afetados nem persuadidos.

Eis o que dizia o primeiro rascunho de uma carta que descrevia uma série de seminários educacionais para financiadores em Wyoming:

Nosso programa para adultos foi um grande sucesso. Atraímos mais alunos e de mais lugares do que em qualquer época anterior.

O leitor, sem saber se o aumento no número de alunos foi de um ou de cem e por carecer de qualquer outra informação específica, precisa confiar no texto e aceitar a afirmação de que o programa foi um sucesso. Ao ser reescrita, a carta dizia o seguinte:

As inscrições duplicaram, chegando a 560. Os alunos vieram tanto de Wyoming quanto de outros 27 estados norte-americanos, além da Alemanha e do Canadá.

Agora não há dúvida com relação ao sucesso do programa. Os dados falam por si mesmos.

7. Escolha a palavra certa

Conheça o significado preciso de cada palavra que você usar. Aqui vão alguns termos e expressões que são comumente confundidos:

A princípio: no começo

Em princípio: em tese, de modo geral

Por princípio: por convicção

Ao nível de: à altura de, no mesmo plano que

A distância: é o substantivo

À distância: indica distância definida

À medida de: em conformidade com, de acordo com

À medida que: à proporção que

Na medida em que: porque, desde que

Em vez de: em lugar de

Ao invés de: ao contrário de

38 | A ESCRITA DOS LÍDERES

Porque: pois, porquanto

Por que: para que, a fim de que

Dispêndio: o que se gasta, o que se consome

Despendido: fazer despesa, investir tempo, trabalho, esforço

Desperceber: não perceber, não notar

Desaperceber: deixar de prover-se ou não ter cautela, desprevenir-se

8. Seu texto deve ser perfeito

Ele não pode conter erros de digitação, ortografia, números ou datas. Se seu texto for descuidado em qualquer um desses pontos, por mais insignificantes que os deslizes possam parecer, o leitor que detectá-los poderá questionar justificadamente o quanto você se dedicou ao que escreveu.

A ortografia é um tópico especial. As pessoas que escrevem de maneira correta são intolerantes, e seu leitor pode estar entre elas. Sempre que estiver em dúvida com relação à grafia de uma palavra, consulte o dicionário. Se comete erros de ortografia com frequência, sempre peça a alguém que não tenha essa limitação que examine seus rascunhos. Os corretores ortográficos do computador podem ajudar, mas têm deficiências graves.

9. Vá direto ao ponto

Churchill poderia ter resmungado que "no que diz respeito à França, a situação é muito grave". Mas o que ele disse foi: "As notícias da França são ruins."

Um executivo enrolou em seu relatório: "A capacidade de expansão impulsionada pelo crescimento das vendas se deparou com problemas de engenharia que impactaram os lucros de forma adversa." O que ele estava tentando dizer era: "Os lucros estão baixos porque problemas de engenharia afetaram nossa capacidade de aumentar a produção com a mesma rapidez das vendas."

Passe algum tempo condensando o que quer dizer e expresse-o, com segurança, em frases simples e declarativas. Lembre-se do homem que teve que pedir desculpa por escrever uma carta enorme explicando que não tinha tempo para escrever uma mais curta.

O Discurso de Gettysburg* contém apenas 266 palavras. A frase mais breve do Novo Testamento talvez seja a que mais afeta os sentimentos do leitor: "Jesus chorou."

10. Escreva de maneira simples e natural — da forma como (segundo esperamos) você fala

Um funcionário de escritório encontra outro no corredor. "Ben", diz ele. "Se você precisar de mais manuais, é só

---

*Discurso proferido no dia 19 de novembro de 1863 pelo presidente Abraham Lincoln em homenagem aos que tombaram na Batalha de Gettysburg durante a Guerra Civil Americana. O discurso principal foi proferido pelo famoso orador Edward Everett e durou duas horas. A fala de Lincoln, homenageando os que morreram pela União, durou dois minutos. Esse discurso permanece até hoje como um dos mais famosos dos Estados Unidos. (N. da T.)

40 | A ESCRITA DOS LÍDERES

pedir". Essa mensagem de nove palavras expressa o pensamento dele de maneira simples e direta. Qualquer pessoa consegue entendê-las. O que mais há para dizer?

Mas, se esse mesmo homem precisasse *escrever* a mensagem, a rechearia com muitas palavras imponentes. Eis como ficaria a mensagem escrita:

> *Caso a quantidade de manuais enviada não tenha sido suficiente para atender às suas necessidades, a requisição de cópias adicionais deverá ser feita a este departamento por meio do formulário adequado.*

Uma mensagem que precisou de nove palavras e 15 sílabas agora contém 31 palavras e uma infinidade de sílabas, uma leitura pesada e que soa empolada.

Quase todas as pessoas aprendem que a linguagem escrita e a falada são inteiramente diferentes. Elas são ensinadas a escrever em um estilo afetado e formal e a evitar qualquer coisa que pareça natural e coloquial.

Formal	Natural
As razões são da mesma natureza.	*Há quatro razões*
Significativamente	*Com destaque para*
Visitação	*Visita*

Repare como é comum as pessoas dizerem "isso soa exatamente como ela" ao elogiar algum texto eficaz. O que você escreve deve soar exatamente como você fala em seus melhores momentos — quando suas ideias fluem prontamente e na ordem correta, quando sua sintaxe é harmoniosa e seu vocabulário é perfeito e, mais tarde, você pensa que não poderia ter dito o que queria de maneira melhor.

O primeiro passo para alcançar esse efeito é usar apenas palavras e frases que poderia de fato dizer para o leitor se estivesse na presença dele. Se não as diria, se elas não *soam* como você, por que escrevê-las? (Algumas pessoas, como assinalamos em outra parte do livro, escrevem da maneira como falam, mas seu discurso se tornou incompreensível. Elas podem sem o menor problema desconsiderar esta seção.)

O tom de seu texto vai variar dependendo dos leitores. Você se expressaria de maneira mais formal se encontrasse o presidente dos Estados Unidos pela primeira vez do que se conversasse com o seu tio. Pela mesma razão, uma carta para o presidente seria naturalmente mais formal do que uma carta para um parente. Mas, mesmo assim, ela deve soar como você.

11. Elimine palavras desnecessárias

Diz a canção: "Suavemente, como o nascer do sol pela manhã" — Ring Lardner explicou que escreveu isso para fazer um contraste com um nascer do sol no final da tarde ou início da noite. As canções têm licença poética para serem redundantes, mas isso não se aplica a expressões como as que se seguem.

42 | A ESCRITA DOS LÍDERES

Não escreva	Escreva
Plano antecipado	Plano
Entrar em ação	Agir
Examinar profundamente	Examinar
Novas inovações	Inovações
Consenso de opinião	Consenso
Neste momento	Agora
Até a ocasião em que	Até
Na maioria dos casos	Quase sempre, geralmente
A partir de uma perspectiva local	Localmente
Basicamente sem saber	Não sabia
O plano global	O plano
Com relação a	Sobre
Em virtude de	Porque
Para a eventualidade de	Se
Com a finalidade de, a fim de	Para
Apesar do fato que	Embora
Na medida em que	Já que

12. Use o idioma-padrão

Há alguns anos, um redator do *New York Times* escreveu, em linguagem coloquial, o rascunho de um anúncio que visava atrair mais leitores para o jornal. No entanto, a ideia não foi aceita. A pessoa no *Times* que rejeitou o texto declarou: "Imagino que daqui a dez ou vinte anos passaremos a escrever dessa maneira, mas não creio que o *New York Times* deva ser pioneiro nessas questões."

Os pioneiros se multiplicaram depois que este livro foi publicado pela primeira vez, mas recomendamos, por princípio, que você esteja entre os últimos a se juntar a eles. O novo emprego das palavras ofende muitos ouvidos; o uso consagrado não ofende ninguém.

Nada colocará seu conhecimento da língua em dúvida mais rápido do que usar "eu" em vez de "mim". Muitas pessoas, embora tenham se formado em faculdades com boa reputação, cometem um erro dizendo: "Este assunto fica entre eu e você", quando o certo é: "Este assunto fica entre mim e você", já que depois de preposição usa-se o pronome pessoal do caso oblíquo.

13. Não escreva como um advogado ou um burocrata

Os advogados dizem que precisam escrever uns para os outros em uma linguagem assim:

A Corporação EM BRANCO, corporação organizada de acordo com as leis do estado de Nova Gales do Sul, deseja permitir que os portadores das suas Ações Ordinárias residentes ou cidadãos dos Estados Unidos, de seus territórios ou possessões ("Portadores Americanos") participem no Plano de Reinvestimento de Dividendos (o "PRD") essencialmente nas mesmas condições disponíveis para os outros acionistas ("Portadores Não Americanos"), e propiciem os meios pelos quais os portadores de ADRs (definido abaixo) residentes ou cidadãos dos Estados Unidos, de seus territórios ou possessões ("Portadores

44 | A ESCRITA DOS LÍDERES

Americanos de ADRs") possam participar indiretamente, por meio do Depositário, do DRP. Com essa finalidade, EM BRAN-CO adotou alterações contratuais no DRP (como retificado, o "DRP retificado") (cuja cópia está anexada a este documento) para permitir essa participação.

Um tanto na defensiva, eles explicam que essa linguagem é fundamental para a exatidão dos contratos, e assim por diante. É possível, mas desconfiamos que as mesmas ideias poderiam ser expressas com mais brevidade, mais clareza e sem nenhum aumento traiçoeiro da ambiguidade.

A Corporação EM BRANCO deseja oferecer aos portadores de suas Ações Ordinárias que são residentes ou cidadãos dos Estados Unidos a oportunidade de participar de seu Plano de Reinvestimento de Dividendos (PRD) nas mesmas condições dos portadores de ações não americanos. Essa oferta também inclui os portadores de ADR (definido abaixo).

A EM BRANCO realizou alterações contratuais no PRD para possibilitar essa participação, e uma cópia do DRP retificado está anexada a este documento.

Sejam quais forem as desculpas que os advogados possam ter, não existe nenhuma para o equivalente comercial desse tipo de texto, conhecido como linguagem burocrática. Entre seus sintomas estão as frases longas, abreviações, cláusulas dentro de cláusulas e o jargão.

Se você perceber que está escrevendo de forma burocrática, experimente botar no papel o que quer dizer da maneira como diria para seus leitores se estivesse conversando com eles. Não se preocupe se o resultado ficar informal demais. Depois de redigir a ideia principal em uma linguagem simples, será fácil ajustar o tom de voz para o nível apropriado de formalidade.

14. Tenha em mente o que seu leitor não sabe

É raro o leitor saber de antemão a que ponto você quer chegar ou o que está tentando dizer. Nunca espere que as pessoas leiam *sua mente* ao mesmo tempo que leem sua carta ou documento. Leve em consideração o quanto você pode pressupor que o leitor sabe — que informações básicas, fatos e termos técnicos ele conhece.

Cuidado com as abreviações. A não ser pelas muito conhecidas, elas poderão ser um código indecifrável para alguns leitores. Podem até ser ambíguas mesmo para as pessoas bem-informadas.

Fique atento quando abreviar datas. 9/12, por exemplo, significa 12 de setembro em alguns lugares e 9 de dezembro em outros.

Se precisar usar abreviações, defina-as na primeira vez que aparecerem no documento. Não precisa definir uma sigla comum como PIB, por exemplo, mas precisa fazê-lo com siglas menos conhecidas, como na frase: "Na próxima semana, vamos estudar a proposta apresentada pela Companhia de Pesquisa de Recursos Minerais (CPRM)."

15. Fique atento à pontuação

A pontuação adequada funciona como placas rodoviárias que ajudam o leitor a se orientar nas frases. Uma vírgula omitida ou no lugar errado pode confundir os leitores e até

46 | A ESCRITA DOS LÍDERES

modificar completamente o significado do texto. Homens e mulheres provavelmente colocariam a vírgula em lugares diferentes na seguinte frase:

Se o homem soubesse o valor que tem a mulher moveria montanhas à sua procura.

A mulher diria:

Se o homem soubesse o valor que tem a mulher, moveria montanhas à sua procura.

O homem diria:

Se o homem soubesse o valor que tem, a mulher moveria montanhas à sua procura.

Um erro comum na escrita comercial é o uso de aspas para ênfase: *Este parafuso oferece uma resistência "superior" à tensão.* Ao ver que o diretor de uma grande empresa colocou uma palavra entre aspas em um documento importante, seu assistente administrativo lhe perguntou o motivo daquilo. Ele respondeu que era para enfatizar a veracidade do argumento. O assistente então perguntou se as aspas serviriam para enfatizar a verdade se o diretor se registrasse em um hotel como John Durgin e "esposa".

A maioria dos dicionários oferece ajuda sobre problemas comuns de pontuação, como a diferença entre dois-pontos e ponto e vírgula. Você encontrará recomendações dinâmicas e proveitosas no início ou no fim do livro.

16. É melhor atenuar do que exagerar os fatos

Nunca exagere, a não ser que o faça abertamente para obter algum efeito, e não para enganar. É mais persuasivo atenuar do que exagerar. Um único exagero óbvio em uma argumentação sob outros aspectos cuidadosamente redigida pode despertar desconfiança com relação a todas as suas considerações.

Pode ser difícil resistir à tendência de aumentar os fatos para apoiar uma posição que você considera muito importante. Ou apresentar meias-verdades para camuflar más notícias. Ou ainda se refugiar em eufemismos. Sempre que se vir tentado a fazer alguma dessas coisas, lembre-se de que os leitores inteligentes desenvolvem um sexto sentido para esse tipo de redação falaciosa e raramente se deixam enganar por ela.

Pela mesma razão, é preciso sempre arredondar os números com parcimônia. Não chame 6,7 de "quase sete" — chame de "acima de 6,5".

Um redator de obituários tinha em seu arquivo um envelope que só deveria ser aberto quando o famoso autor H. L. Mencken falecesse. A mensagem, escrita pelo próprio, dizia: "Não exagere."

17. Escreva de maneira a não ser mal-interpretado

Não basta escrever frases e parágrafos que o leitor possa entender. Os autores cuidadosos estão sempre atentos às numerosas maneiras pelas quais poderão ser *mal-interpretados*.

48 | A ESCRITA DOS LÍDERES

A monografia de um estudante começou da seguinte maneira:

Minha mãe está fortemente envolvida com todos os membros do Legislativo do estado da Califórnia.

Alguns leitores podem ter interpretado erroneamente a natureza do vigoroso envolvimento cívico dessa mãe.

A ambiguidade resulta, com frequência, de uma única frase que tem uma carga muito forte. Desmembrar as frases pode produzir maravilhas. Eis uma declaração de um relatório da Comissão Reguladora Nuclear dos Estados Unidos:

Seria prudente considerar prontamente a provisão de instrumentação que propiciaria uma indicação inequívoca do nível de fluido no vaso do reator.

Se você desmembrar essa ideia em duas frases e seguir outras sugestões deste capítulo, poderá chegar a algo assim:

É importante decidir depressa se devemos adquirir melhores medidores. Eles nos informariam com exatidão quanto fluido está contido no vaso do reator.

18. Use uma linguagem simples, mesmo em assuntos técnicos

As *annuities* [seguros resgatáveis em vida] estão classificadas entre os produtos financeiros mais complexos; uma pesquisa de opinião realizada entre investidores constatou que apenas 20% deles afirmaram ter "bom entendimento" desse tipo de seguro. Os documentos das *annuities* eram tão impenetráveis que a Comissão de Valores Mobiliários e Câmbio [Securities and Exchange Commission] entrou em ação para pedir que os prospectos fossem redigidos em "uma linguagem mais simples" para que se tornassem mais inteligíveis para os consumidores. A estratégia da SEC, relata o *Wall Street Journal*, foi a seguinte: ESQUEÇAM AS PALAVRAS EMPOLADAS.

Um assistente jurídico incumbido de reescrever um prospecto de *annuity* variável recebeu a seguinte orientação: redija-o como se estivesse escrevendo para alguém que você conhece — digamos, para seus avós.

Quanto mais técnico o material, menos provável que o leitor o compreenda, a não ser que ele esteja escrito na linguagem que todos falamos. Uma exceção é quando tanto o autor quanto o leitor praticam a mesma especialidade técnica. Uma campanha publicitária para a New York Telephone põe em relevo a diferença. Em um dos anúncios, um diretor de telecomunicações se dirige em linguagem técnica a outros especialistas em telecomunicações:

> *Tendo em vista a importância estratégica de nossa infraestrutura de telecomunicações, a tolerância a falhas na falha de* loop local *deixou muito a desejar.*

No mesmo anúncio, o executivo principal da companhia, dirigindo-se às pessoas comuns, usa uma linguagem diferente para defender a mesma ideia:

> *Se a rede parar de funcionar, a companhia vai à falência.*

50 | A ESCRITA DOS LÍDERES

O que a revista *Business Week* chama de *"technobabble"** vem deixando praticamente todo mundo irritado de uma maneira ou de outra. "A linguagem simples", diz a revista, "é uma linguagem desconhecida na maioria dos manuais que supostamente devem nos ajudar a usar produtos eletrônicos".

Se você estiver escrevendo para explicar um assunto técnico aos leitores, teste um rascunho inicial com alguns deles. Descobrir o que está claro e o que não está pode ser de grande valor na hora de editar o texto. Pode fazer a diferença entre o sucesso e o fracasso em transmitir o que você deseja que o leitor saiba, entenda ou faça.

Quase todos os textos obscuros são involuntários, resultados de um esforço sincero, embora predestinado ao fracasso. Bem pior do que isso é ter que dizer algo que com certeza não vai agradar aos leitores e fazê-lo esperando que eles não entendam. Vamos chamar isso de tecnoeufemismo.

- *Uma enfermeira que deixou cair um bebê referiu-se, em seu relatório, à "manipulação dificultosa de um recém-nascido".*
- *O constrangido redator de um comunicado à imprensa da Força Aérea, ao fornecer informações sobre o teste de um novo míssil, declarou que "aproximadamente 70 segundos depois do lançamento ocorreu uma anomalia que levou o departamento de limite de segurança a iniciar a sequência de destruição por comando". Oculta no texto está a notícia de que alguma coisa falhou no míssil e tiveram que destruí-lo.*

As más notícias não se tornam melhores por serem confusas, além de indesejáveis. Quando você as transmite em uma linguagem simples, os leitores poderão, mesmo assim,

---

*Jargão técnico e termos de alta tecnologia ininteligíveis. (*N. da T.*)

continuar a não gostar delas. Mas seu desprazer não será aumentado pela suspeita de que você está tentando passar a perna neles.

Avalie o inesperado best-seller de negócios *Quem mexeu no meu queijo?* — uma alegoria a respeito da mudança, de autoria de Spencer Johnson. É uma história simples, quase banal, a respeito de dois pequenos camundongos e dois pequenos seres humanos que vivem em um labirinto onde encontram queijo e de como eles reagem quando, certo dia, o queijo não está onde costumava ficar. O encanto do livro, diz a revista *Fortune*, é tanto sua mensagem — prepare-se para a mudança, aceite-a, desfrute-a — quanto sua narrativa, em uma linguagem simples.

A *Fortune* cita um livro sobre estratégia escrito por três consultores de gestão:

> *No modelo especialista, uma empresa concorre por meio da geografia, aproveitando vantagens de especialização e efeitos de escala intangíveis (i.e., alavancando os custos fixos de construir ativos intangíveis).*

A revista compara essa frase com a que se segue, extraída de *Quem mexeu no meu queijo?* — que defendem praticamente a mesma ideia.

> *Todos os dias os camundongos e as pequenas pessoas passavam o tempo no labirinto procurando seu queijo especial.*

52 | A ESCRITA DOS LÍDERES

Obviamente, não estamos fazendo justiça nem ao texto dos consultores nem ao livro, mas este sensibilizou de verdade os círculos de negócios. Os CEOs de importantes empresas estão comprando e distribuindo milhares de exemplares. Por quê? *Quem mexeu no meu queijo?* defende uma ideia importante e faz isso em palavras que comunicam alguma coisa. Segundo o professor John Kotler, da Harvard Business School, o autor "escreveu uma coisa que pode efetivamente influenciar as pessoas".

Poderíamos chamar isso de escrever e aparecer.

QUAL A CONDIÇÃO DE SUA DEAMBULAÇÃO?
E outras coisas que as pessoas efetivamente dizem

Um médico perguntou a um paciente no telefone: *"Qual a condição de sua deambulação?"* O que ele queria saber era: "Você consegue andar bem o bastante para vir até o consultório?"

Eis mais alguns exemplos, que ouvimos com nossos próprios ouvidos, de pessoas falando da maneira como os autores afetados escrevem. (*Não* é isso que queremos dizer quando mencionamos: "Escreva como você fala.")

Os meteorologistas que dizem *atividade tornádica* em vez de tornados, *eventos de neve* em vez de tempestades de neve ou nevascas. Em voos internacionais, pilotos que pedem aos passageiros que *extingam todo o material fumegante* em vez de lhes dizer que apaguem o cigarro. Um piloto que disse: "Estamos apenas cinco minutos atrasados; tendo em vista o mau tempo, acho isso *magnificente* [sic]" em vez de bastante razoável ou algo semelhante.

Uma amostra recorrente do que ouvimos no mundo dos negócios: *Limitado em recursos* em vez de *não há pessoas suficientes para executar o trabalho*. Ou este trecho complicado (não inventamos isto): *O custo a curto prazo de permanecer no negócio acrescido do custo de oportunidade da alocação subótima de recursos,* em vez de *O dinheiro que poderíamos gastar melhor em outro lugar.*

Esse estilo de conversa em geral é ouvido entre gerentes de nível médio. Ele raramente vem do CEO, que, como já chegou ao topo, está mais interessado em uma comunicação clara — e em fazer as coisas acontecerem — do que em impressionar os outros.

Essa é uma área ambígua. Pergunte a si mesmo se está sendo claro ou tentando impressionar.

3. "Adoro meu computador"

O processo de escrever e editar em um computador, sobretudo para aqueles que iniciaram suas carreiras usando máquinas de escrever, é tão prazeroso que desperta o mesmo tipo de afeição que muitas pessoas sentem por um carro novo ou algum outro bem que possuam. Como é rápido mudar uma palavra, acrescentar uma marca de pontuação, excluir uma frase, deslocar um parágrafo! As práticas que defendemos neste livro acabam se revelando fáceis, até divertidas.

O autor Tom Wolfe declarou em uma entrevista que o romance *Um homem por inteiro* seria seu último trabalho datilografado, mas não porque Wolfe tivesse se apaixonado por um computador; ele simplesmente não conseguia encontrar quem consertasse sua máquina de escrever.

No excelente livro *On Writing Well* [*Sobre escrever bem*, em tradução livre], William Zinsser chama o computador de "dádiva divina, ou presente da tecnologia para a boa redação". No entanto, por mais maravilhosas que sejam

56 | A ESCRITA DOS LÍDERES

essas máquinas, é preciso ter em mente que são apenas máquinas, e não objetos mágicos. Elas não conseguem transformar alguém em um bom escritor. Podem inclusive fortalecer algumas das piores práticas dos maus escritores, por tornar extremamente fácil enviar o material inacabado.

A maioria dos computadores tem encantos deslumbrantes para o escritor. Neles, encontramos um bom dicionário de sinônimos. Nos editores de texto, há modelos de memorandos, cartas comerciais — todo tipo de coisa que se usa com frequência — que apresentam a fonte, o tamanho do papel e as margens estabelecidas por você. Isso economiza muito tempo. Outras ferramentas apresentam uma série de funcionalidades úteis como números de páginas, notas de rodapé, inserções, cabeçalhos de seções. É possível obter uma contagem de palavras em apenas dois segundos.

No restante deste capítulo, faremos uma breve apresentação das maneiras pelas quais é possível usar o computador como aliado no esforço de escrever bem. E vamos oferecer alguns sinais de advertência para ajudá-lo a evitar os perigos que os computadores podem apresentar.

Como usar o computador para escrever

Existem tantas maneiras de escrever em um computador quanto hábitos pessoais de escrita. Há escritores que gostam de voltar atrás e fazer correções a cada um ou dois parágrafos; já outros avançam por um rascunho inteiro sem fazer nenhuma pausa. Não existem duas pessoas que considerem o mesmo conjunto de práticas adequadas para seu modo de pensar particular. Suas inclinações o conduzirão em direção ao que é melhor para você.

No entanto, os usuários veteranos estão amplamente de acordo com relação aos méritos de uma série de procedimentos. Entre eles estão:

1. Escreva primeiro, formate depois

Formatar não é escrever. Lidar com os detalhes da aparência do documento pode distraí-lo e afastá-lo do conteúdo.

Por outro lado, se não quiser que seu rascunho pareça um emaranhado sem forma, é uma boa ideia trabalhar a partir de um esquema de tópicos, formatando apenas o suficiente no início para tornar a estrutura visível.

A pessoa que preparou o rascunho deste capítulo, por exemplo, formatou os títulos e subtítulos a partir de seu esquema de tópicos enquanto digitava a primeira versão preliminar. Isso manteve suas ideias em ordem conforme seguia adiante. Mas, contrariando a própria recomendação, também mexeu com recuos e colocou os números e subtítulos em negrito. Ficou bem bonito na tela, mas isso desperdiçou tempo e interrompeu a sequência de ideias.

2. Pratique a regra de mais de um

No caso dos computadores, você precisa ser paranoico com relação a salvar seu arquivo. Nunca tenha uma única cópia de qualquer coisa na qual esteja trabalhando; certifique-se de que exista uma segunda cópia em algum lugar. Os discos rígidos podem dar defeito, os CDs não são eternos. Os autores salvam tudo o que é importante em discos *e* fazem cópias impressas também.

58 | A ESCRITA DOS LÍDERES

Familiarize-se com o Recurso de Salvamento Automático (encontrado em Ferramentas/Opções) e defina-o para salvar o documento pelo menos a cada 15 minutos. Oscilações de energia, erros de *input* e outras obliterações do trabalho estão longe de ser riscos teóricos.

Também nos convertemos à ideia de fazer uma verificação semanal de vírus. Deixamos de nos preocupar com isso durante alguns meses e descobrimos 45 vírus em nosso computador — e mais de cem no de nosso assistente. Empresas que só costumavam pegar vírus difíceis de lidar a cada trimestre passaram a encontrar quase um por dia.

A frequência com que você faz uma cópia impressa de sua versão preliminar depende da extensão e da importância do que está escrevendo, além dos métodos de trabalho. Quanto mais importante for o documento, mais provável é que você deseje comparar rascunhos ou consultar versões mais antigas. Embora alguns programas permitam isso diretamente na tela do computador, é bem mais fácil ler comparações e análises em cópias impressas, uma ao lado da outra.

Date os rascunhos. Os autores teriam ficado totalmente confusos com as versões dos capítulos deste livro se todos os rascunhos não estivessem datados. Nunca, jamais, distribua qualquer coisa com mais de duas páginas sem numerá-las. É enlouquecedor e difícil encontrar o documento ou fazer referência a ele para qualquer pessoa se as páginas não estiverem numeradas.

3. Reflita sobre o nome dos arquivos

Novas versões dos programas de processamento de texto tornaram possível usar títulos descritivos para os arquivos dos documentos. Ao mesmo tempo, tornaram mais fácil dar uma de espertinho e se deixar levar.

À medida que o disco vai enchendo, fica cada vez mais difícil recordar o nome bonitinho que você deu àquela carta. E uma busca completa em todos os itens do disco fará com que você sinta uma saudade incrível dos velhos tempos em que procurava o documento em um arquivo físico. É recomendável que você desenvolva um sistema lógico e fácil de lembrar para os nomes dos arquivos. Os escritores profissionais pensam no arquivo eletrônico como uma gigantesca gaveta com um pequeno número de pastas principais, cada uma dividida em várias subpastas, e assim por diante.

No caso da edição atual deste livro, WTW3 foi a pasta principal; com subpastas como e-capítulo e c-capítulo para novo conteúdo em e-mails e computadores, respectivamente. Ao escolher os nomes dos arquivos, prefira a lógica e a simplicidade à inventividade. O arquivo deve ser uma ferramenta acessível, não um quebra-cabeça ou um divertimento.

Advertências

"O processador de texto é um anjo, mas não nos absolve", diz o autor *freelance* David Swift. Como o trabalho editado parece tão perfeito na tela, é fácil sermos induzidos ao erro de achar que ele está realmente perfeito.

60 | A ESCRITA DOS LÍDERES

Revise as provas — e revise-as de novo. Nunca envie um documento sem examinar tudo com os próprios olhos. É uma boa ideia fazer a revisão em uma cópia impressa, em vez de na tela do computador. Não sabemos muito bem por quê, mas quando olhamos para um papel impresso como o que o leitor vai ver, prestamos mais atenção aos erros.

Use o corretor ortográfico — com cuidado. Embora o corretor faça um bom trabalho ao realçar as palavras que *acha* que foram escritas de maneira incorreta, às vezes ele tenta ser esperto demais e corrige palavras automaticamente sem perguntar. Isso pode ser perigoso, como um de nós descobriu ao escrever que **Savill Gardens fora apresentado a ele nas proximidades de Londres pelo amigo Stanley Pigott**. A frase foi "corrigida" para *servile* gardens apresentado por Stanley *piglet*.* Os computadores são só humanos, ironizou um especialista.

O corretor gramatical é ainda mais falível.

Prenda-se ao assunto. Na tirinha *Shoe*, uma pessoa sentada diante do computador responde a um curioso que perguntou o que ela está escrevendo: "Até agora, nada. Mas devo dizer que o computador torna a redação muito mais fácil. Com um estalar de dedos, consigo escrever um monte de nada. Chamo isso de fluxos de inconsciência."

Resistir aos fluxos de inconsciência pode exigir um esforço consciente. Os bons redatores prestam atenção aos esquemas de tópicos e se prendem ao assunto.

Como até mesmo um rascunho inicial impreciso pode parecer claro e terminado na tela, você pode enganar a

---

*Savill é apenas um nome próprio, e Pigott, um sobrenome, que nada significam em inglês. *Servile* quer dizer servil, e *piglet* significa porquinho. *(N. da T.)*

si mesmo e achar que está diante de uma obra-prima da organização. A ilusão pode ser ampliada pelos chiados e estalos da impressora, que aparentemente certifica que o que foi escrito está prontinho para ser publicado. Os escritores cuidadosos tentam não se deixar enganar pelas aparências.

Seja conservador na escolha dos tipos de fonte. As fontes de mais fácil leitura são aquelas usadas com mais frequência pelas revistas e jornais bem-editados. Escolha fontes que lembrem as que você vê nas revistas *Time* ou *Sports Illustrated*, por exemplo. Para qualquer texto que contenha mais do que um ou dois parágrafos, as fontes romanas comuns são de mais fácil leitura do que o itálico, e as fontes com serifa (como a deste livro) são de mais fácil leitura do que as sem serifa — **como esta**. Não é questão de gosto ou opinião. Isso foi comprovado por diversas pesquisas cuidadosas realizadas com o público leitor do mundo inteiro.

Independentemente da fonte que você escolher, use-a no documento inteiro. Seu computador não vai ficar magoado se não usar todas as fontes disponíveis em cada documento. E com isso você poupará os olhos dos leitores.

Mantenha os dedos longe das teclas de negrito e sublinhado. O **negrito** e o <u>sublinhado</u> são ótimos para títulos, mas devem ser usados no texto apenas para uma ênfase **ocasional**. O mesmo é válido para o *itálico*.

Quando você enfatiza *um número excessivo* de palavras, **não** tem o efeito pretendido. Pode até mesmo ser o *oposto* — quando **tudo** é enfatizado, *nada* é enfatizado. E a página fica com uma aparência <u>desorganizada</u>.

Quando quiser enfatizar uma palavra ou frase, o itálico é a melhor opção para manter o tom profissional. As revistas,

62 | A ESCRITA DOS LÍDERES

jornais e livros bem-editados *sempre* preferem o itálico ao negrito ou ao sublinhado.

Não justifique o texto na margem direita. O tipo justificado à direita fica bem nos livros e revistas porque o espaçamento entre as palavras é tratado com muito cuidado. Os programas de *software* tendem a fazer um trabalho mais grosseiro, deixando espaços artificialmente grandes entre as palavras ou comprimindo-as em excesso.

Os leitores estão acostumados a documentos comerciais com a margem direita irregular. Eles parecem mais naturais e são mais fáceis de ler do que os documentos que forçam o alinhamento das duas margens. Quanto mais estreita a medida, piores os resultados.

Basta! "O perfeccionismo se soletra assim: p-a-r-a-l-i-s-i-a", disse Churchill. Nas mãos de algumas pessoas, o computador ilustra esse ponto. Tem gente que nunca para de editar. Nunca para de formatar. Essas pessoas querem sempre experimentar mais uma mudança. Portanto, nossa advertência final é que você não seja excessivamente cauteloso — "Manda ver!" O computador veio para nos libertar; não se torne escravo dele.

DE QUAL A CAPACIDADE DO COMPUTADOR VOCÊ PRECISA PARA ESCREVER?

Quer estejamos falando de seu primeiro computador ou de um *upgrade*, não precisa ficar intimidado pelos números de *hardware* ou pelas opções de *software*. Os escritores não precisam de muita potência eletrônica. Hoje em dia, qualquer computador vendido por um fabricante com boa reputação é poderoso o bastante para o processamento de texto e e-mails. Os escritores sequer sabem o que fazer com todo o processamento, o espaço de disco e a memória que as grandes marcas oferecem. (Mas compre um computador silencioso com um ventilador silencioso.)

O laptop que você escolher tem implicações para a escrita. Os menores e mais leves, com o teclado um pouco reduzido e telas menores, são uma concessão razoável para quem viaja muito de avião. Os mais pesados, mas também mais completos, são melhores para quem escreve uma grande quantidade de texto ou usa o laptop como desktop ou computador principal.

Pagar um pouco mais por um bom monitor é um investimento sábio. Um monitor costuma ter o dobro de vida útil em relação a um desktop, e a vida útil de um desktop é o dobro da de um laptop. Portanto, vale a pena comprar um monitor que não force os olhos. Isso significa que ele não deve ter menos de 17 polegadas — inclusive dê preferência aos de 19 polegadas, se tiver espaço na mesa. (Os monitores LCD de nova geração, que são mais claros e piscam menos do que os modelos CRT atuais, permitem que você use uma tela com cerca de duas polegadas a menos.)

O Microsoft Word, principal sistema de processamento de texto do mundo, é excelente e está em constante processo de melhora. Alguns usuários experientes pararam de comprar os *upgrades* que vêm acompanhados de uma série de novidades. Eles já estão acostumados com as versões mais antigas, mais simples e adequadas às suas necessidades.

As impressoras progrediram muito desde aquelas matriciais lentas e barulhentas de uma época não tão distante. A qualidade da impressora de jato de tinta é boa, enquanto as que funcionam a laser são mais rápidas, com melhor qualidade de impressão — e mais caras.

A grande notícia é o acesso mais rápido aos e-mails e à internet, graças aos modems discados que se aperfeiçoaram. A ISDN (Integrated Services Digital Network) e a DSL (Digital Subscriber Lines) oferecem conexões até vinte vezes mais rápidas do que as versões por linha telefônica, porém a um preço elevado. As linhas por cabo, conectadas por meio de um cabo Ethernet (que hoje faz parte da maioria dos novos computadores), são ainda mais rápidas.

A tecnologia está avançando tão rápido que uma orientação mais específica estaria obsoleta quando este livro fosse publicado. E o que conta não é o que você tem, e sim o que faz com o que tem.

4. E-mail — a grande caixa de correio no céu

Lá estava o Papai Noel no palco do Radio City Music Hall em Nova York, lendo cartas de Natal como se não fosse nada especial, anunciando a milhares de crianças e adultos que também podiam entrar em contato com ele pelo site *Santa.com*. E ninguém nem piscou. (Também era natural para ele permanecer em contato com o escritório central por meio do celular.) Nós nos deslocamos de *baby boomers* para a geração X e a *geração.com*.

Quer você conte mensagens eletrônicas em bilhões ou trilhões, elas estão substituindo uma grande quantidade de correspondência convencional. O e-mail faz coisas que as cartas ou telefonemas não podem fazer tão bem ou simplesmente não podem fazer. Ele é fácil, rápido, simples — e barato. É perfeito para respostas rápidas, confirmar planos e mensagens breves. Economiza dinheiro em telefonemas, mensageiros e faturas de frete aéreo.

66 | A ESCRITA DOS LÍDERES

Com o e-mail, os fusos horários desaparecem.

Bem como o *phone tag**, se conseguir entrar em contato com alguém por telefone, provavelmente vai interromper o que a outra pessoa estiver fazendo, mesmo que ela esteja apenas pensando. Com o e-mail, você envia o que quer quando é conveniente para você e a pessoa que recebe só abre a mensagem quando é conveniente para ela.

O e-mail ajuda as organizações a permanecerem conectadas e diminui o tempo de resposta.

> *"Todas as comunicações entre escritórios deveriam ocorrer por e-mail", preconiza Bill Gates, "para que os funcionários, ao receberem as informações, possam agir movidos pelas informações com a velocidade de um reflexo". Ele prossegue recomendando que as reuniões não devem ser usadas para apresentar informações. "É mais eficaz usar o e-mail."*

O e-mail está alterando as regras de onde vivemos e trabalhamos. Em vez de se mudar com a família para o exterior, os executivos ocupam uma residência temporária em quartos de hotel e se tornam "expatriados" virtuais com a ajuda do e-mail e dos telefones celulares. Uma pessoa da *geração.com* cita os benefícios desse endereço permanente: "A residência física das pessoas da minha geração muda constantemente, mas meu endereço de e-mail permanecerá comigo para sempre, de modo que as pessoas sempre conseguirão se comunicar comigo."

Advertência: o e-mail pode ser viciante e criar seus próprios problemas. A ênfase dele na velocidade entra em conflito com questões que merecem pensamento e reflexão. Existem

---

*Quando duas pessoas trocam várias mensagens no correio de voz (na tentativa frustrada de falar uma com a outra). *(N. da T.)*

ocasiões em que nada supera uma conversa para resolver o problema em questão, ou quando a cortesia requer uma carta bem-digitada ou escrita à mão. Os recém-chegados on-line, eufóricos com sua descoberta, desejam "irradiar" para todo mundo. Pessoas maçantes e verborrágicas encontram grande público relutante. Pessoas com tendência natural para se esconder se protegem atrás de muros de e-mail, enviando-os para colegas de trabalho a quatro mesas de distância. Já outras enviam pensamentos supérfluos aos demais, criando um crescente acúmulo no sistema. Os executivos atarefados não dão atenção a eles, os excluem ou simplesmente não respondem.

O problema é o tempo

O problema não reside tanto em redigir e-mails, mas sim em *recebê-los*. Isso, por sua vez, representa um problema de escrita: como fazer com que pessoas atarefadas leiam seu e-mail e ajam movidas por ele.

Um consultor que estava sentado ao meu lado em um voo de Nova York para Dallas me disse que recebera novecentos e-mails nos últimos dez meses e que simplesmente *não tinha aberto*. O número era tão grande que ele tinha que ser seletivo e desconsiderar ou excluir todas as trivialidades ou coisas obviamente inúteis que circundavam os assuntos importantes.

A maioria dos executivos recebe de cinquenta a cem ou mais mensagens por dia; muitos recebem até quatrocentas. Vamos partir do princípio de que a metade delas seja fácil de descartar e excluir. Responder apenas à metade importante e iniciar umas duas dúzias de outras mensagens pode

68 | A ESCRITA DOS LÍDERES

ocupar de duas a quatro horas por dia. Todos os dias. O fluxo nunca para.

Está planejando ficar afastado por uns tempos para viajar ou sair de férias? Desejo-lhe boa sorte! Se você não ler suas mensagens nesse período, elas se acumularão implacavelmente, fazendo com que a volta ao escritório seja muito mais difícil. O fluxo impiedoso obriga os destinatários submersos a sacrificar o tempo que passam com a família ou o sono, e até mesmo a usar o computador durante reuniões quando a atenção não está sendo solicitada.

O problema do tempo vai além do e-mail. Um levantamento da Pitney Bowes mostra que o funcionário de escritório norte-americano típico envia ou recebe 201 mensagens por dia, dentre elas e-mails, caixas postais, correio, correio entre escritórios, *post-its*, notas de mensagens telefônicas, *pagers*, celulares e serviços de mensageiros. Muitas dessas coisas deixam os executivos "ligados" o tempo todo. Os intervalos não existem mais. O economista do trabalho Alan B. Krueger diz o seguinte: "Tornou-se bem mais difícil avaliar onde termina o trabalho e onde começa o lazer."

Certa compreensão de como, de todas essas maneiras, o e-mail contribui para as pressões dos negócios hoje em dia é o ponto de partida para redigi-lo bem.

Como redigir um e-mail eficaz

Há vários tipos de e-mails comerciais. Grande parte deles consiste em bilhetes rápidos e concisos — geralmente quanto mais curtos melhor, como iremos examinar. Em muitos casos, o e-mail substituiu o memorando em papel ou a carta, mas isso não muda os fatores que fazem parte de um bom memorando ou carta.

Há também uma nova e poderosa utilização do e-mail — o trabalho colaborativo, um produto da era da internet/PC. Essa utilização reduz a necessidade de os colaboradores estarem na mesma sala (ou prédio, ou cidade) para que possam trabalhar em conjunto. Ela se caracteriza por um breve texto com um documento anexado para comentários, o que requer os princípios tanto de boas mensagens eletrônicas quanto de uma boa redação comercial. Os autores deste livro colaboraram na nova edição usando o e-mail entre Nova York e Chicago, trocando capítulos e ideias.

Todas essas formas de e-mail comercial têm um objetivo comum: fazer as coisas avançarem e não desperdiçar tempo. E todas apresentam o mesmo problema a quem escreve: como garantir que a mensagem será lida.

1. O título do assunto deve ser claro e cativante

Todos os e-mails têm exatamente a mesma aparência na Caixa de Entrada. Não existem pistas visuais que lhe digam o que é importante e o que não é — nada de selos de via aérea, um papel de carta bonito, envelopes volumosos chamativos ou uma caligrafia familiar. As únicas pistas são a identidade do remetente e a natureza do assunto.

Você não pode fazer muito a respeito da primeira — o destinatário do e-mail pode ou não estar interessado em receber uma mensagem sua. Se você for o chefe, por exemplo, já ajuda.

70 | A ESCRITA DOS LÍDERES

O elemento que está sob seu controle é como você *identifica o assunto* no título. Os autores são da área de publicidade e podem ser parciais nesse ponto. Mas sabemos que o título é a parte mais lida de qualquer anúncio, o elemento que faz com que as pessoas continuem a ler. Vale a pena estudar os jornais, particularmente o *Wall Street Journal*, para entender os tipos de manchetes que convertem as pessoas que folheiam o jornal em leitores.

Você precisa de um assunto que chame a atenção e dê uma ideia do que vem a seguir. Pode ser uma coisa formal ou informal, séria ou descontraída, simples ou elaborada. Não pode estar ausente.

Pense no consultor sentado ao meu lado no avião. Qual e-mail ele leu primeiro: *Status da proposta* ou *Obter a aprovação do cliente?* Sabemos que ele não abrirá um e-mail sem título a não ser que conheça o remetente ou tenha lido todos os outros.

Os executivos atarefados filtram os e-mails que recebem. Alguns usam filtros automáticos que fazem a triagem dos e-mails que chegam e os classificam em um sistema de prioridades ou simplesmente examinam o índice de remetentes e assuntos. Terri Dial, que dirige a Wells Fargo na Califórnia, exclui um terço das mensagens que recebe sem ao menos abri-las (e, em consequência disso, presta mais atenção ao título do assunto dos e-mails que envia para ter certeza de que serão lidos). Ela adverte que não devemos tentar passar por cima dessa filtragem marcando as mensagens como urgentes.

Um número excessivo de remetentes usa o sinalizador de urgente, o que faz com que ele se pareça um pouco com o menino que vivia pedindo socorro sem precisar de ajuda, só que agora existem muitos meninos. Mesmo que você use URGENTE de maneira seletiva, outras pessoas não farão o mesmo. E lembre-se que, se você pedir socorro com excessiva frequência, as outras pessoas perceberão isso e seu e-mail receberá ainda menos atenção.

É especialmente importante que as mensagens de e-mail enviadas para um grupo comuniquem o conteúdo de maneira rápida, para que cada destinatário possa determinar se o assunto é relevante para ele. É irritante descobrir depois de três parágrafos que o conteúdo não é de seu interesse. Procure deixar claro logo de início a que leitores sua mensagem se destina. Por exemplo: *Programação para a equipe de lançamento do foguete.*

Não mantenha automaticamente velhos títulos em respostas que nada têm a ver com o assunto original, ou em uma correspondência interminável que vai e volta com o mesmo título, fazendo com que se torne impossível distinguir um texto do outro. Por outro lado, se estiver contribuindo para uma sequência de mensagens que já está em andamento e bem-estabelecida, não mude o título — mesmo que ele não seja mais apropriado.

Se for enviar várias mensagens sobre temas não relacionados, com frequência é melhor enviar e-mails separados. Não dá mais trabalho, e será bem mais fácil encontrar e consultar cada mensagem.

Embora você não possa acentuar sua importância para o destinatário, pode pelo menos deixar claro quem é. Endereços de e-mail compostos apenas por números ou que indicam seus interesses precisam exibir seu nome de alguma maneira. (Entre nossos amigos de pescaria, somos rápidos em identificar <u>troutsmith@emailserver</u>, mas nunca conseguimos nos lembrar de quem é <u>dryflier@emailserver</u>.)

72 | A ESCRITA DOS LÍDERES

As pessoas aprendem depressa a excluir o lixo postal, ou *junk mail*. Se determinado nome não soa familiar, a mensagem vai embora.

Frequentemente é útil encerrar o e-mail com uma assinatura que relacione seu telefone e endereço. E o cargo também, se isso ajudar. Muitas sugestões para este capítulo vieram em e-mails assinados da seguinte maneira:

> Atenciosamente, Scott Cutler
> Vice-presidente de Tecnologia Avançada e Diretor de Tecnologia
> Compaq Computer Corporation, PC Products Group
> [telefone]

A maioria dos pacotes de e-mail permite que os usuários configurem e anexem automaticamente assinaturas como essa às mensagens que estão sendo enviadas.

2. Corte e vá direto ao ponto

Estamos falando literalmente. <u>Corte</u>. Sem dó nem piedade.

Não apenas para economizar o tempo do leitor, mas para chegar à essência. O e-mail é um veículo diferente. Ler longos memorandos na tela de um computador é irritante; qualquer coisa que ocupe mais de uma tela corre o risco de não ser lida (e é melhor que seja enviada como anexo).

"Nunca vi uma mensagem de e-mail curta demais — a maioria dos e-mails eficazes é breve e bastante objetiva", declara Manny Fernandez, presidente do Conselho Administrativo do Gartner Group.

Experimente eliminar 50% do que escreveu. Você ficará impressionado com o quanto seus pontos se destacam.

Certa vez, perguntaram a Rodin como ele conseguia esculpir um elefante no mármore. "É fácil", respondeu: "Eu simplesmente removo tudo que não é um elefante." Remova tudo que não faça parte de sua ideia.

"Mantenha-o breve e agradável" é o primeiro princípio de e-mail na HBO. Seus executivos são informados de que as pessoas desejam respostas rápidas para perguntas simples. O e-mail deve ser breve, porém completo — "substancial, conciso e objetivo", como exigia um dos melhores professores de inglês.

Quanto às abreviaturas, embora exista toda uma biblioteca de abreviaturas engenhosas para e-mails, nós não as recomendamos. A maioria é de gírias novas com as quais muitas pessoas não estão familiarizadas.

3. Evite a troca desnecessária de mensagens

Alguns e-mails podem ser breves demais, no sentido de não fornecerem contexto. Responder sem anexar ou fazer referência à mensagem original obriga o leitor a fazer uma busca nas mensagens enviadas (se tiverem sido salvas) para encontrar significado e coerência na resposta.

"Estou disponível", por exemplo, deveria ser "Estou disponível para falar na reunião do dia 14".

74 | A ESCRITA DOS LÍDERES

"Você recebeu minha mensagem a respeito da reunião do dia 14? Poderá comparecer?", em vez de "Você recebeu minha mensagem?".

Esquecer de incluir o contexto é o que causa a troca desnecessária de e-mails. Se o autor envia uma mensagem e o destinatário precisa pedir um esclarecimento, os pontos de contato do e-mail foram duplicados. Seja claro a respeito da finalidade da mensagem. O que você quer que a pessoa que está lendo faça?

Se espera uma resposta, é interessante que inclua um prazo final para que ela não dependa da disposição do destinatário, o que poderá nunca acontecer.

4. Estabeleça o tom de voz correto

O e-mail é impessoal e mudo. A disposição de ânimo do remetente não pode ser comunicada por meio de uma inflexão de voz, como no telefone. As mensagens eletrônicas são uma espécie diferente de comunicação e estão sujeitas a interpretações errôneas. Comentários breves podem ser compreendidos como ríspidos, e perguntas concisas como exasperadas ("Onde está o memorando sobre...?")

Algumas pessoas usam combinações de sinais de pontuação, conhecidos como "smileys" ou "emoticons", para transmitir o tom correto do e-mail. O problema é que inseri-los toma tempo, e eles são mais usados por adolescentes do que nos textos de negócios, além de nem sempre serem compreendidos.

O título do assunto pode ser um bom lugar para definir o tom que você deseja.

Socorro! Como vamos responder?

Ou

Muitíssimo obrigado a todos!

Outro lugar para indicar o tom da mensagem é a saudação. Alguns tradicionalistas não conseguem abandonar o consagrado "Prezado/a", enquanto outros simplesmente não se importam com saudações. Mas algum tipo de cumprimento, sobretudo no início da troca de mensagens, pode ser um bom começo. Por exemplo, *Bom-dia, Sr. Brown* é informal e cordial ao mesmo tempo que é profissional, além de parecer mais apropriado do que *Prezado Sr. Brown* nestes tempos eletrônicos. No caso de colegas e pessoas com quem você lida no dia a dia, um simples *Olá, George*, ou apenas *Olá*, pode ser suficiente. Também é possível para usar apenas o primeiro nome da pessoa.

Muitos e-mails terminam de forma abrupta, sem nenhum tipo de assinatura. Eles simplesmente acabam. O raciocínio é o seguinte: já que o remetente é identificado no início, por que repetir o nome dele no fim? Mas, a não ser que o tom da mensagem seja totalmente claro, encerrar com *Obrigado*, *Tenha uma boa semana* ou *Cordialmente* remove qualquer dúvida com relação a seu estado de espírito.

Antigamente, as pessoas passavam algum tempo refletindo a respeito do que desejavam dizer antes de responder a uma carta ou memorando. A possibilidade de uma resposta instantânea ao e-mail — na verdade, em muitos casos, a expectativa de que isso ocorra — aumenta o risco de que ele seja enviado sem o devido preparo.

76 | A ESCRITA DOS LÍDERES

Procure relaxar antes de redigir uma mensagem. Se estiver zangado ou irritado ao escrever, pense duas vezes antes de clicar em *Enviar*. Pessoas acostumadas a escrever e-mails admitem ter enviado mensagens irritadas e depois se arrependido de não ter pensado duas vezes antes de fazê-lo. Os memorandos e as cartas do passado, que precisavam ser datilografados, lidos e assinados, para então serem colocados na Caixa de Saída e enviados pelo correio, davam tempo aos remetentes para que esfriassem a cabeça e reconsiderassem o que tinham escrito. Isso não acontece com o e-mail — basta um clique e ele já está na tela do destinatário.

Algumas pessoas se protegem lidando com a correspondência *off-line*, fazendo o *download* de todas as mensagens, tanto das que chegam quanto das que saem, antes de responder, para que possam ler e corrigir o texto que pretendem enviar antes de remetê-lo. Elas descobriram que tendem a ser precipitadas quando o modem está ligado, e o botão *Enviar*, ativo. Às vezes, é sensato responder o seguinte: "Vou pensar no assunto e amanhã de manhã lhe darei uma resposta." Dessa maneira, o remetente sabe que o e-mail foi recebido — e que a resposta, quando chegar, será ponderada.

Etiqueta de e-mail

Parece um paradoxo acoplar este termo vitoriano a um veículo eletrônico da Nova Era. Não obstante, certas virtudes tradicionais, como a cortesia e o capricho, permanecem relevantes mesmo na modernidade.

No e-mail, uma das traduções de cortesia é *Limitar o número de cópias*. A única coisa mais fácil do que enviar uma mensagem eletrônica é adicionar pessoas à lista de destinatários. Cópias são enviadas para um número excessivo de pessoas, e pelas razões erradas. Para impressioná-las. Para autopreservação. Para despertar o "interesse" delas. Não divulgue um conteúdo supostamente "interessante" para pessoas cujos interesses você não *conhece*. Isso só gera lixo eletrônico na caixa de entrada alheia.

Se você deseja que medidas sejam tomadas em função de seu e-mail, relacione apenas um nome no campo PARA. Quando há mais de um nome, não fica claro quem tem a responsabilidade de agir, de modo que é provável que ninguém faça nada.

Responder a todos pode ser o botão mais perigoso na tela. Conte até dez antes de castigar seus pobres remetentes.

Verifique duas vezes para ter certeza de que sua mensagem está indo apenas para as pessoas que você deseja que a leiam. A avaliação de um sócio em um escritório de contabilidade foi inadvertidamente distribuída entre milhares de pessoas. Embora a avaliação não fosse negativa, a divulgação foi bastante constrangedora.

O seguinte e-mail realmente foi enviado:

De: Charlie Atrapalhado
Enviado: Quarta-Feira, 26 de maio, 10h16
Para: Lista da Imprensa de L.A.
Assunto: FW: Resumo para a Imprensa, 26/5, e pedidos de desculpas pelos 2 mil e-mails

78 | A ESCRITA DOS LÍDERES

Prezados,

Quero me desculpar sinceramente com aqueles que receberam ontem 2 mil e-mails enviados por mim. Tive um problema com a configuração do *Outlook*, e ele passou a encaminhar todas as mensagens para a lista de resumo da imprensa de L.A. Não tive a intenção de causar problemas. Isso não voltará a acontecer.

Nota: Não respondam a esta mensagem, porque ela irá para todos os membros da lista.

Obrigado e bom dia,

Charlie

Intitulada "Febre de e-mails", a seguinte mensagem, destinada aos membros da equipe de John Riccitiello, CEO da Electronic Arts no Vale do Silício, oferece um resumo de como manter o e-mail sob controle:

De: Riccitiello, John
Enviado: 21 de janeiro, 2000, 14h31
Para: eaworld@eahq
Assunto: Febre de e-mails

Nas últimas semanas, muitos funcionários da EA expressaram sua frustração com relação à enorme quantidade de e-mails que nós, na empresa, enviamos uns aos outros. Muitos de nós nos sentimos oprimidos.

Gostaria de sugerir algumas "regras" que poderiam nos ajudar a ir contra essa maré.

1. Não enviem cópias desnecessárias em seus e-mails. Enviem as mensagens apenas para as pessoas que precisam lê-las.
2. Evitem usar o botão "Responder a Todos" a não ser que realmente haja uma boa razão para isso.
3. Não ingressem no circo de e-mails adicionando seus pensamentos ou breves ideias a essas intermináveis cadeias de mensagens que bloqueiam nossas caixas de entrada. Em vez disso, quando notarem o começo de uma cadeia de e-mails monstruosa, interrompam o fluxo e marquem uma reunião presencial para resolver a questão.
4. Não usem o e-mail quando uma palavra rápida por sobre a divisória dos cubículos possa dar conta do recado.
5. Evitem usar e-mails para fazer divulgações, a não ser quando for absolutamente necessário (sim, eu percebo a ironia do que acabo de sugerir).
6. Procurem seguir essas regras, a não ser que a mensagem a ser enviada (a) transmita novas informações para alguém que precise delas, (b) concorde com uma solicitação, (c) responda a uma pergunta ou (d) faça uma pergunta ou envie uma solicitação. Caso contrário, não enviem mensagem nenhuma.

Sei que muitos de nós temos calafrios se não enviarmos um e-mail de tantos em tantos minutos, mas respirem fundo e tentem superar isso. Todos ficaremos mais felizes.

John

Riccitiello diz que precisa enviar esse lembrete a seus funcionários mais ou menos de seis em seis meses.

80 | A ESCRITA DOS LÍDERES

Procure não fazer com que as pessoas tenham que passar por uma ou mais páginas de destinatários antes de chegar ao assunto, porque elas tendem a não se dar ao trabalho de fazê-lo. Uma das maneiras de lidar com uma longa lista é nomear o grupo de remetentes no Livro de Endereços — chamamos de *e-pals* neste livro.

Se você notar que está incluído em uma série de mensagens copiadas que julga pouco interessantes, peça educadamente ao remetente que o retire dessa lista. Quando alguém enviar um conjunto de perguntas que levarão muito tempo para serem respondidas por escrito, peça ao remetente para marcar uma data para discuti-las por telefone.

Como muitos executivos têm uma reunião depois da outra e viajam muito, e poderão não checar os e-mails todos os dias, é aconselhável avisar o destinatário caso a mensagem seja urgente. Uma breve mensagem na caixa postal funciona, nesse caso: não é necessário um contato efetivo. A regra geral permanece: e-mail ou telefone, mas não ambos.

Outro princípio da etiqueta, o capricho se traduz como *torne a leitura fácil*, o que é abordado no capítulo que leva esse título. No entanto, um dos aspectos que envolvem tornar a leitura fácil se aplica particularmente aos e-mails: como lidar com os anexos.

Se o objetivo de sua mensagem é entregar um anexo, diga isso logo no começo: "Eis um anexo..." E seja moderado com os anexos. É irritante receber apresentações com o texto e o sombreamento coloridos, pois a leitura deles é difícil — ou quase impossível —, e o download é muito demorado.

Quando enviar anexos grandes ou múltiplos arquivos, é de bom tom comprimi-los. (Examine o manual ou o programa de ajuda de seu computador para descobrir como fazer isso.) A compressão agrupa os arquivos convenientemente e reduz o tempo de download.

Isso é bastante relevante, sobretudo fora dos Estados Unidos. Lembre-se de que muitas pessoas ao redor do mundo pagam tarifas por caractere e sobretaxas de telefone para receber seu e-mail. E não parta do princípio que o destinatário tem um modem de alta velocidade e fácil acesso à World Wide Web. Caso seu e-mail contenha um arquivo anexado ou faça referência a um endereço www, o leitor poderá não ser capaz de obter informações importantes.

Se você costuma receber anexos com os e-mails, instalar um antivírus é de extrema importância. Um vírus chamado Melissa causou apenas constrangimento — ele enviava uma lista de sites pornográficos para todos os contatos do usuário-alvo. Mas há outros vírus que destroem arquivos, eliminam informações do disco rígido e até mesmo tornam impossível iniciar programas. O vírus Chernobyl causou grandes danos em computadores no mundo inteiro. Lide com os anexos com cuidado — e faça *backup* de tudo o que for importante.

Quando NÃO enviar um e-mail

A maioria das circunstâncias nas quais o correio convencional é preferível são óbvias: assuntos legais que requerem assinaturas, convites para eventos formais, cartas para angariar fundos. No entanto, eis algumas que poderão ser menos óbvias:

- Se você tiver que alterar ou cancelar uma reunião em cima da hora, telefonar ou mandar mensagem é melhor

82 | A ESCRITA DOS LÍDERES

do que enviar um e-mail. Não dê como certo que as pessoas checarão a caixa de entrada duas horas antes do evento.

- O e-mail não é a melhor maneira de se apresentar para alguém. O executivo com quem você está tentando entrar em contato provavelmente recebe um grande número de mensagens por dia, e é bem provável que não abra ou leia a sua. É mais fácil desconsiderar um e-mail ou apertar a tecla *Delete* do que dizer "não, obrigado" pessoalmente.

Nada é privativo

Quando você fecha uma carta, coloca um selo nela e a remete, ela não se torna propriedade dos Correios. No entanto, o e-mail de seu escritório é propriedade da empresa que paga pelo sistema, e ela tem o direito de examinar suas caixas de correio eletrônico — e muitas delas efetivamente o fazem. Todo mundo usa os sistemas do escritório para enviar mensagens pessoais. Mas lembre-se: ele não é privativo.

Há quem descreva o e-mail como a sala do cafezinho de alta tecnologia, um lugar para contar piadas apimentadas, fazer fofoca e queixas sobre a gerência. No entanto, na sala do cafezinho sempre temos uma boa ideia de quem pode estar escutando a conversa. Os comentários eletrônicos de Monica Lewinsky, usados no julgamento de *impeachment* de Clinton, levaram a revista *Fortune* a comentar o seguinte: "É melhor não enviar por e-mail qualquer coisa que você não queira ler na primeira página do *New York Times*."

Fora isso, um bom princípio geral é nunca colocar comentários negativos ou desmoralizantes em um e-mail.

Tendo em vista o mundo litigante no qual vivemos, não é inteligente enviar um conteúdo potencialmente de mau gosto usando uma rede corporativa. Pessoas já perderam o emprego por enviarem piadas que consideravam inofensivas, mas que insultaram alguém que posteriormente se queixou.

Registros em e-mail de diálogos que podem ter parecido inocentes na ocasião foram reconhecidos como a "arma favorita" do Departamento de Justiça dos Estados Unidos em seu caso antitruste contra a Microsoft. Esses registros são o sonho do advogado de um querelante que se torna realidade. Se estiver em uma rede corporativa, há cópias de segurança de suas mensagens eletrônicas arquivadas, e um administrador de sistema pode acessar qualquer coisa que permaneça no disco rígido de seu computador.

A regra no caso dos arquivos em papel costumava ser: "Na dúvida, descarte." Isso não é tão fácil no caso dos arquivos eletrônicos, nos quais a tecla *Delete* não exclui. Tudo o que ela faz é transferir os dados para outra pasta, como Reciclar. Você pode até excluir novamente, mas isso só remove *pointers* (direcionamentos) para a mensagem. A mensagem propriamente dita ainda existe e poderá ser encontrada, a não ser que você dê mais um passo e confunda os códigos para destruí-la. De qualquer modo, um registro permanece em algum lugar, em outro computador. Suas chances de manter uma coisa privada são melhores se não houver nenhum arquivo escrito.

84 | A ESCRITA DOS LÍDERES

A internet está mudando a linguagem. Ela impeliu o ritmo anteriormente deliberado da evolução da linguagem para velocidades ainda mais altas. Essa foi a concordância geral em uma reunião da Modern Language Association. "Um viveiro para a mudança", declarou um professor de linguística.

Esse é um novo veículo e uma oportunidade para sermos criativos — e um convite para o abuso. A Casa Branca de Reagan-Bush gerou 200 mil arquivos eletrônicos, enquanto o governo Clinton gerou 6 milhões de arquivos por ano. O e-mail está se tornando mais onipresente com a transmissão pelas redes sem fio e o acesso a partir dos celulares e outros dispositivos móveis. Além de milhões de novos usuários on-line, agora existe o e-mail com reconhecimento de voz — com a aterrorizante perspectiva de pessoas ditando e-mails de fluxo de consciência.

Com esses avanços, a batalha para sobressair no aglomerado só se intensifica. É improvável que alguém vá lhe dar pontos por redigir bem os seus e-mails. Mas se você tiver a reputação de ser prolixo, confuso ou de desperdiçar o tempo alheio, seus e-mails tenderão a ser desconsiderados ou excluídos sem serem lidos.

Caixa postal e e-mail

Os negócios estão se deslocando cada vez mais para um mundo interligado de e-mails, celulares e caixa postal. A caixa postal pode ser bastante eficaz junto com o e-mail — para avisar caso a pessoa receba uma mensagem importante ("Fique atento"), resumir os pontos principais e alertar quem não costuma abrir a caixa de entrada todos os dias.

Não dá para anexar um documento à caixa postal nem fornecer os mesmos detalhes que fornece em um e-mail. Não raro, o e-mail é o único registro escrito de acordos. Muitos executivos escutam os recados de sua caixa postal no carro ou em um telefone celular, e não podem fazer anotações.

As pessoas frequentemente abusam da caixa postal, deixando mensagens longas e repetitivas, mas mesmo assim incompletas. Os nomes e números de telefone não são fornecidos ou não são claros. A obrigação de manter as mensagens breves e agradáveis é ainda maior do que no caso do e-mail. Você tem um público cativo, incapaz de pular um trecho, esperando impacientemente pelo "essencial".

Antes de pegar o telefone, parta do princípio de que é provável que a pessoa para quem você está ligando esteja fora do escritório ou em uma reunião, de modo que você será desviado para a caixa postal. Prepare-se pensando no que deseja dizer.

- Sua mensagem deve ser concisa e objetiva. As gentilezas são desnecessárias.

- Rabisque alguns pontos de destaque que tornarão a mensagem breve e clara. (Se ela tiver que ser longa, declare isso — e o motivo — no início.)

- Diga seu nome e seu número de telefone devagar e com clareza, principalmente o número. (Esse é o princípio mais desrespeitado, e sua violação, a mais irritante, em especial da parte de pessoas que querem que uma coisa seja feita.)

Depois desligue.

5. Memorandos e cartas que dão resultado

"Não escrevemos memorandos uns para os outros!" é uma declaração que escutamos bastante hoje em dia, já que o e-mail, os telefonemas e as reuniões são cada vez mais responsáveis pela comunicação empresarial. Por outro lado, ainda não vimos nenhum escritório sem uma impressora ou um executivo que não tenha à mão um lápis e um bloco.

A palavra escrita continua a ser a melhor maneira de nos comunicarmos em várias circunstâncias. Ao contrário do que acontece com um telefonema, memorandos ou cartas podem ser consultados mais de uma vez. Ao contrário das mensagens na caixa postal, podemos examinar um documento em busca dos pontos importantes. Podemos estudá-lo, refletir sobre ele, repassá-lo para outras pessoas ou ainda o imprimir para refrescar a memória dias ou anos depois. Ao contrário das apresentações de slides, com suas ideias telegráficas e abreviadas, os memorandos e as cartas descrevem a situação com clareza sem se apoiar em explicações orais.

88 | A ESCRITA DOS LÍDERES

Na condição de autor do texto, você pode expressar seus pensamentos com precisão, ajustando cada nuance. Na condição de leitor, pode avaliar o assunto quando e onde escolher e durante o tempo que desejar. Os bons memorandos e cartas podem resolver problemas, esclarecer questões, solucionar mal-entendidos, formular ou responder a perguntas, espalhar uma notícia, reclamar, apaziguar, animar e elogiar.

Eis algumas maneiras de garantir que os memorandos e cartas sejam bem-sucedidos em suas missões.

Como escrever um memorando

Memorandos são cartas para pessoas dentro da organização ou para pessoas de fora com quem há certa aproximação. Você está se dirigindo a *colegas*, então escreva em um estilo coloquial. No entanto, o tom informal não é desculpa para ideias desleixadas ou uma redação descuidada. Um memorando confuso ou ambíguo retarda ou atrapalha as coisas.

Quer sejam enviados por e-mail, quer sejam redigidos no papel, os bons memorandos seguem formatos semelhantes.

1. Todo memorando precisa de um título

Nos memorandos enviados por e-mail, o título é o assunto do e-mail. No papel, o ideal é centralizar o título em maiúsculas na parte superior da mensagem. Assim, é mais fácil para alguém reconhecê-lo enquanto percorre rapidamente arquivos ou uma pasta do que se o título estiver discretamente à esquerda ou como "Re: Tal e Tal Coisa", junto da lista de endereços. O título nunca deve ser complicado ou obscuro. Ele deve identificar — de modo fácil e para todos os leitores — qual é o assunto do memorando. Se, por exemplo, o documento contiver uma proposta de aumento para Tony Andrino que já deveria ter sido dado, não deve ser intitulado AUMENTO ATRASADO. Nesse caso, AUMENTO PARA TONY ANDRINO seria melhor.

Se você estiver respondendo ao memorando de outra pessoa, anuncie no título:

MEMORANDO DE FRANK OWEN SOBRE
OS PREÇOS DOS PORCOS DE ENGORDA

ADMISSÕES COM NEUTRALIDADE DE GÊNERO:
SUAS TRÊS IDEIAS PRINCIPAIS

Nos memorandos em papel, você não precisa se preocupar com a extensão do título. Diga o bastante para identificar o assunto:

ARGUMENTAÇÃO PARA A CAMPANHA DE
PUBLICIDADE CORPORATIVA INTERNACIONAL

Títulos claros e simples chamam a atenção das partes interessadas e fazem com que elas foquem os pensamentos no assunto desde o instante em que começam a ler.

90 | A ESCRITA DOS LÍDERES

2. Endereçe os memorandos apenas às pessoas que precisam tomar providências

Envie cópias para as pessoas que você meramente deseja manter informadas.

De: *Bill Darwin*
Para: *Margaret Baker*

Cópias: *Cindy Lee*
Sam Nasikawa
Bob Nieman

Isso indica que Bill deseja que Margaret *faça* alguma coisa, e que os outros apenas tenham conhecimento do que está acontecendo. Se várias pessoas precisam fazer alguma coisa, endereçe o memorando a todas e deixe claro o que cada uma deve fazer.

Preferimos usar a palavra inteira, "cópias", em vez da sigla "cc", uma abreviatura anacrônica para "cópias de carbono". E, como um comentário à parte, consideramos deplorável a utilização das cópias "ocultas" — que são enviadas sem o conhecimento do destinatário. Como declarou um executivo: "Podemos determinar quão política é a pessoa pelo número de cópias ocultas que ela envia."

Relacione o nome dos destinatários das cópias em ordem alfabética. Se relacioná-las em ordem de importância, frequentemente se deparará com complicações. O chefe do setor de fabricação é mais importante do que o chefe do setor de pesquisas? Qual de seus quatro assistentes deve vir primeiro?

KENNETH ROMAN E JOEL RAPHAELSON | 91

Esses problemas somem se você colocar *todos* os nomes em ordem alfabética, a não ser quando isso for absurdo. Seria absurdo, por exemplo, enviar um memorando dirigido ao diretor de Recursos Humanos com cópias para dois assistentes e o presidente e listar o presidente na ordem alfabética entre os assistentes. Coloque o nome do presidente em primeiro lugar e relacione os outros na ordem.

3. Torne sua estrutura óbvia

Antes de começar a escrever, decida qual vai ser a estrutura do texto. Isso vai depender da extensão, da complexidade e da natureza do assunto. Qualquer memorando mais longo do que meia página (ou tela) requer uma estrutura — *que deve ser clara para o leitor.* Caso contrário, você passará a impressão de que está divagando. O leitor terá dificuldade em se lembrar das ideias e de como elas estão concatenadas.

Se o que você quiser dizer se encaixar em um esquema de tópicos convencional — por exemplo, três pontos principais, cada um deles apoiado por vários exemplos, com um ou dois comentários a respeito de cada exemplo —, seu esquema de tópicos funcionará como estrutura. Uma estrutura clara ajuda o leitor a se lembrar das ideias. Isso também torna o memorando fácil de ser consultado.

Alguns memorandos na verdade são relatórios complexos ou recomendações que enchem meia dúzia de páginas ou mais. Em um memorando desse tipo, comece delineando o que vai abordar.

92 | A ESCRITA DOS LÍDERES

Eis o que o pacote contém:

- *Anúncio inicial de 4 páginas para o* Wall Street Journal *e o* Financial Times
- *Anúncios suplementares de 2 páginas*
- *Plano de mídia, inclusive o papel da internet*
- *Ponto de vista da agência a respeito do resultado da publicidade*

Recomendação:

- *Recomenda-se um comprometimento de US$10 milhões (mídia e produção) para lançar a campanha em meados de setembro.*
- *Necessidade de nos comprometermos com a mídia e iniciar a produção da televisão até 26 de julho a fim de fazer o lançamento em meados de setembro.*

Você concorda?

Por favor, envie seus comentários e aprovação para prosseguirmos até segunda-feira, 26 de julho.

Ou então redija um breve memorando de encaminhamento e anexe o relatório ou plano em um documento separado. Isso funciona bem para a maioria dos documentos importantes.

Existe uma estrutura proveitosa que é negligenciada com frequência: *uma série simples de pontos numerados.* Ela tem muitas vantagens.

1. Convém ao propósito quando você deseja fazer várias observações vagamente relacionadas sobre um único assunto.

KENNETH ROMAN E JOEL RAPHAELSON | 93

2. Elimina a necessidade de incluir conectivos. Ao concluir um ponto, você salta diretamente para o seguinte.
3. Organiza visualmente as ideias para o leitor.
4. As seções numeradas podem ser tão longas ou curtas quanto você desejar. Algumas podem ter uma única frase, e outras, dois ou mais parágrafos. Tudo o que importa é que cada número deve indicar o início de uma nova ideia independente.
5. Os números tornam o memorando fácil de consultar.

4. Encerre com um convite à ação

Diga o que espera que aconteça em decorrência do memorando — exatamente o que precisa ser feito, por quem e até quando. Seja específico.

> *Precisamos tomar medidas a respeito da organização dos novos produtos. Preciso de suas ideias sobre os candidatos na sexta-feira até o final do dia.*

> *Precisamos de uma nova estratégia para aumentar o público no espetáculo beneficente antes de enviarmos os convites.*

Se o seu memorando estiver respondendo a perguntas levantadas por outra pessoa, simplesmente pare quando terminar. Não desperdice o tempo do leitor com comentários do tipo: "Espero que isto responda às suas perguntas." Uma vez que é desnecessário dizer que você espera tê-las respondido, simplesmente não diga nada.

94 | A ESCRITA DOS LÍDERES

Se o memorando for um relatório, tire conclusões a partir do que você viu, ouviu ou descobriu. Especifique o quanto se sente seguro a respeito de suas conclusões. Você não terá dúvidas com relação a algumas delas, e outras serão meramente especulativas. Diga ao leitor quais se encaixam em cada grupo.

5. Envie bilhetes escritos à mão

Memorandos breves redigidos à mão economizam tempo e, por sua própria natureza, são mais diretos e pessoais. Os elogios e o reconhecimento podem ser especialmente eficazes quando escritos desta maneira:

George:

Essa notícia sobre a Acme é sensacional. Aproveite para descansar agora — você merece!

SUSAN:

SEU RELATÓRIO ESTÁ MAGNÍFICO. VOU SEGUIR SUAS RECOMENDAÇÕES ASSIM QUE VOLTAR DA VIAGEM.

Como o que é escrito à mão é pessoal, certifique-se de que o que você escreve *soe* pessoal.

6. Tome cuidado com o humor — ou a raiva

Não tente ser engraçadinho nos memorandos, a não ser que tenha certeza de que todos os que lerem vão entender a piada. Isso inclui pessoas que podem não estar em sua lista, mas que poderão ter acesso a uma cópia. Evite ironia e sarcasmo. Alguém poderá levar o comentário a sério e ficar contrariado. As pessoas podem passar dias remoendo uma observação espirituosa concebida com inocência.

Quanto à raiva, quando você fica zangado na presença das pessoas, tudo o que deixa para trás é a lembrança de seu comportamento, mas quando expressa seus sentimentos por escrito, deixa um *registro permanente*. Você pode se arrepender depois que se acalmar. Os memorandos irritados têm seu lugar. Uma boa regra é *redigi-los* quando estiver zangado, mas só *enviá-los* no dia seguinte, quando tiver se acalmado o suficiente para refletir sobre as possíveis consequências do que escreveu. Isso é particularmente importante no caso do e-mail, que está sempre a postos para satisfazer sua fúria impensada.

Deve haver um memorando? Consta que até mesmo a Procter & Gamble, empresa que definiu o ritmo do memorando organizacional moderno, está reduzindo a ênfase desse tipo de documento para acompanhar o ritmo da era da internet. Um provérbio italiano diz o seguinte: "Pense muito, fale pouco, escreva menos ainda." Às vezes, a maneira mais eficiente de transmitir uma mensagem é pessoalmente. Simplesmente dê uma passada na sala da outra pessoa.

Como escrever uma carta comercial

Existem ocasiões em que só uma carta pode atender ao seu propósito. Uma carta formal escrita no papel timbrado da empresa encerra uma aura de importância que nem um

96 | A ESCRITA DOS LÍDERES

e-mail nem um telefonema conseguem igualar. Os assuntos legais e financeiros requerem precisão e detalhe de uma forma que facilite as consultas e referências. Não existe nenhum substituto para um bilhete de agradecimento, felicitações ou pêsames escrito à mão. Receber e abrir uma carta de qualidade ainda é um ritual prazeroso para algumas pessoas. Eis algumas maneiras de assegurar que sua mensagem nunca desaponte nenhum leitor.

1. Escreva corretamente o nome e o endereço

Um nome soletrado errado já é um mau começo. Indica para o leitor que você não é cuidadoso, que é uma pessoa desleixada. Verifique todos os nomes, tanto das pessoas quanto das empresas ou organizações, por mais trabalho que isso dê — no envelope e na carta.

Use Sr. ou Sra. — muitas pessoas apreciam um toque de formalidade, e ninguém se ofende com isso. Mas é melhor omiti-lo do que escrever errado, se você não tiver certeza do gênero do destinatário e não conseguir descobrir. Alguns nomes, como Mickey, Terry, Gerry e Sandy, são usados tanto para homens quanto para mulheres.

Verifique cada detalhe. Na melhor das hipóteses, uma carta endereçada incorretamente parece relaxada e, na pior das hipóteses, não chega ao seu destino. Coloque sempre o endereço do remetente no envelope. O selo pode cair, ou qualquer outra coisa pode acontecer.

2. Reflita bem a respeito da saudação

"Prezado(a) _____" é uma convenção bem-consolidada, tanto no papel quanto no e-mail, em qualquer tipo de comunicação formal. Por mais estranho e antiquado que possa soar, as tentativas de evitá-la parecem artificiais, afetadas e pura e simplesmente rudes. Gostamos do costume britânico de escrever a saudação e a assinatura à mão em uma carta impressa. Nas cartas menos formais, escrever *Peter* ou *Olá, Peter* à mão costuma funcionar bem.

O que vem depois de "Prezado(a)" merece um pouco de reflexão. Só use o primeiro nome quando já tiver certa intimidade com a pessoa. Não tente se tornar "amiguinho" dela por meio de uma ação unilateral. Use títulos — Dr./Dra., Juiz/Juíza, Professor(a), Senador(a) — quando forem pertinentes.

Uma excelente alternativa, porém, pouco utilizada, é incluir tanto o nome quanto o sobrenome do destinatário: "Prezada Joan Larson". Isso é menos formal do que "Prezada Sra. Larson", mas não pressupõe um relacionamento pessoal, como "Prezada Joana". É uma maneira simpática de se dirigir a alguém que você conheceu pessoalmente, mas que talvez não se lembre de você. Ou alguém importante e mais velho que você não conhece muito bem. Ou vice-versa. Oscar Hammerstein II, o grande letrista, escreveu "Prezado Joel Raphaelson" em uma carta a Raphaelson, então na faculdade, a respeito de uma crítica de *South Pacific* no jornal universitário, e essa saudação pareceu inteiramente apropriada, sendo ao mesmo tempo cortês e cordial.

98 | A ESCRITA DOS LÍDERES

3. Pense na possibilidade de começar com um título

Muitas cartas comerciais fazem parte de uma correspondência de longa data entre vendedor e comprador, advogado e cliente, empresa privada e departamento do governo. Nesses casos, é uma boa ideia acompanhar a saudação com um título.

Prezado George:

PROCESSO JUDICIAL DA ACME: SEGUNDA FASE

O título identifica o assunto e é uma benção para qualquer pessoa que tenha que desenterrar uma correspondência anterior a respeito dele. Considere usar um título até em cartas que vai escrever uma única vez para desconhecidos. Não existe nada tão eficaz para identificar o assunto da mensagem:

Prezado American Express:

PERDA DE CARTÃO DE CRÉDITO — CARTÃO Nº. #3729– 051721

4. Sua primeira frase tem muitas funções

Como títulos em cartas não são uma prática corrente, em muitas situações você pode achar que parecem ríspidos ou impessoais demais. Nesse caso, a primeira frase precisa desempenhar a função de um título. O leitor com certeza desejará saber de imediato de que trata a carta.

Bill Smith nos informou a respeito de sua preocupação com relação às conversas de Jane Smith com o banco XYZ.

O equivalente escrito da conversa superficial introdutória é desnecessário. A coisa mais cortês que se pode fazer é poupar o leitor do trabalho de ter que decifrar o assunto.

Conversa-fiada irritante

Prezado colega de turma,

Como você sabe, nossa 15ª reunião realizada em junho passado foi maravilhosa. Todos nos orgulhamos do presente da turma que oferecemos na ocasião. Agora já estamos bem avançados no primeiro ano da campanha do fim do século.

Objetividade gratificante

Prezado colega de turma,

Está na hora de colaborarmos para nosso 16° presente anual para a universidade. Você deve se lembrar de que demos algo especial em nossa 15ª reunião — mas a necessidade ainda assim se faz presente.

E as cartas que respondem a consultas ou que tratam de determinado assunto introduzido em uma correspondência prévia? Você pode partir do princípio de que o leitor saberá do que ela trata, já que ele próprio chamou a atenção para o assunto em uma carta anterior?

Pode — até certo ponto. Na próxima página, você encontrará duas respostas para um pedido de informações.

100 | A ESCRITA DOS LÍDERES

Excessivamente empolada

Prezado Sr. Allen,

Estou escrevendo em resposta à sua carta de 24 de junho, na qual o senhor manifesta o interesse em obter informações sobre nossa linha de herbicidas, em especial com relação ao controle do dente-de-leão nos gramados residenciais. Lamentavelmente, os folhetos sobre o assunto estão em falta no momento, mas talvez as seguintes informações possam ajudá-lo.

Ríspida demais

Prezado Sr. Allen,

Sinto muito, os folhetos que o senhor pediu estão em falta. Eis algumas informações que talvez possam ajudá-lo.

A carta da direita pressupõe coisas demais. Se o Sr. Allen, que talvez escreva dezenas de cartas por dia, não se lembrar exatamente do que escreveu para essa firma em particular, as duas primeiras frases não o ajudam em nada. Ele precisa de um breve lembrete da consulta que fez — mais direto do que a primeira carta, menos ríspido do que a segunda.

Prezado Sr. Allen,

Sinto muito, mas os folhetos sobre como controlar o dente-de-leão estão em falta. Eu os enviarei para o senhor assim que os recebermos. Nesse ínterim, talvez as seguintes informações possam ser úteis.

A breve frase inicial lembra ao Sr. Allen qual é o assunto e lhe diz a coisa principal que ele precisa saber. Sempre identifique o assunto na primeira frase.

5. Pare quando terminar

Assim como algumas cartas demoram a engrenar e seguir adiante, muitas desaceleram fastidiosamente antes de parar. Evite trivialidades como:

Fique à vontade para telefonar se tiver alguma pergunta.

Espero que isso responda à sua preocupação.

Por favor, reflita cuidadosamente sobre essa questão.

A não ser que você tenha alguma coisa a dizer que seja mais do que uma formalidade, simplesmente *pare*. Se sua última frase diz o que o leitor presumiria ou faria de qualquer modo, como nos exemplos acima, não a inclua. Ela não soaria sincera ou amistosa. Soaria como o que realmente é: uma formalidade de rotina. Sua conclusão não parecerá abrupta se o tom ao longo da carta tiver sido caloroso e pessoal.

Se quiser acrescentar um toque pessoal, certifique-se de que o que disser é, de fato, pessoal — e uma coisa que você realmente quer dizer.

Tenho lido a respeito da onda de calor na sua região e me pergunto como você estará lidando com ela.

George, clientes como você fazem este negócio valer a pena.

102 | A ESCRITA DOS LÍDERES

6. Seja específico a respeito dos passos seguintes

Se deseja que o destinatário tome medidas em função da carta, o último parágrafo deve deixar claro que medidas são essas. Ou então, se for você quem precisa agir, explique o que vai fazer.

Vago	Específico
Esperamos ter notícias suas em breve.	*Por favor, informe-nos de sua decisão até o dia 1º de agosto para que possamos cumprir nosso prazo final.*
Espero que possamos nos encontrar para conversar mais sobre o assunto.	*Você está livre para o almoço na sexta-feira, 17 de julho? Telefonarei pela manhã para confirmar.*

7. Despeça-se de maneira apropriada

Gene Shalit, o crítico de cinema do programa da televisão norte-americana *Today*, assina suas cartas com "Thine". É uma marca pessoal, assim como seu penteado. No entanto, de modo geral, a despedida não é o lugar para afirmar sua individualidade. Mantenha-a convencional e apropriada ao tom da carta.

"Atenciosamente" tem o benefício de carecer de um significado tolo específico. A palavra está tão radicada na convenção quanto "Prezado", e é justamente útil por essa razão.

"Respeitosamente" e "Com os melhores cumprimentos" são aceitáveis, porém bastante formais.

Um número tão grande de pessoas usa "Cordialmente" que nos tornamos insensíveis à declaração maquinal de amizade. Apenas não a empregue em cartas não cordiais: "Entregamos seu caso para os nossos advogados. Cordialmente...".

"Tenha uma boa semana" e "Tudo de bom" são mais pessoais do que as outras e menos formais, mas não são apropriadas quando não se conhece o leitor.

E não há nada errado com simplesmente assinar o nome depois da última frase da carta.

Como lidar com alguns tipos comuns de cartas

Cartas que pedem alguma coisa

Diga o que deseja logo no início. Não comece explicando *por que* deseja aquilo. O leitor não se interessará por suas razões antes que você revele o que quer.

Prezado Sr. Sullivan,

Somos uma nova firma de eletrônica e precisamos montar um departamento para algumas pesquisas básicas.	***O problema***
Consequentemente, ocorreu a nosso presidente, Sr. Gene Schultz, que seria uma boa ideia se descobríssemos como alguns departamentos de pesquisa de grande porte, como o da Bell Laboratories, se organizaram em seus primeiros dias.	***A ideia*** ***Ainda não disse o que quer***

104 | A ESCRITA DOS LÍDERES

Não comece expressando sua apreciação.

> *Prezado Sr. Sullivan:*
>
> *Eu apreciaria enormemente sua ajuda em uma questão na qual a Bell Laboratories poderá ter informações exclusivas.*

Escreva uma carta assim:

Prezado Sr. Sullivan,

O senhor tem informações impressas que detalham como a Bell Laboratories se organizou em seus primeiros dias? Caso tenha, poderia enviá-las para mim com a respectiva fatura?	***Diz o que quer, e que há intenção de pagar.***
Somos uma pequena firma da internet e vendemos equipamento de escritório, e sua experiência inicial poderá nos ajudar a descobrir qual a melhor maneira de dar seguimento a nossas atividades.	***Explica por quê.***
Sua ajuda seria inestimável.	***Agradece!***

Essa é a ordem correta para cartas com consultas; *primeiro*, você diz o que deseja; *segundo*, explica quem é e por que quer o que está pedindo; *terceiro*, expressa seu agradecimento por favores que estão por vir. Se estiver solicitando informações de rotina — a cópia de um discurso publicado, dados de sua conta-corrente, uma lista de preços —, pode deixar de mencionar a razão pela qual as deseja e abreviar os agradecimentos.

Como dizer não

Não, não temos um emprego para você. Não, não vamos lhe conceder crédito adicional. Sinto muito, não concordamos que foi culpa nossa e que lhe devemos um ressarcimento. Não, não temos como entregar seu pedido antes do Natal. Infelizmente, não podemos publicar sua história. Lamentamos não poder contribuir com sua instituição de caridade.

Dizer não por escrito pode parecer mais fácil do que pessoalmente, mas em alguns casos é bem mais difícil. É menos pessoal e mais permanente.

Os leitores não podem ver a expressão em seu rosto. Tampouco podem ouvir seu tom de voz. Também não podem fazer perguntas naquele momento a respeito de coisas que os deixam confusos ou das quais discordam.

Sua carta precisa compensar todas essas desvantagens:

- Precisa ser tão *clara* quanto você seria pessoalmente.
- Precisa ser tão *diplomática* e *compreensiva* quanto você seria pessoalmente. Preste muita atenção ao tom do texto.
- Você precisa antever as perguntas e objeções do leitor e fazer o possível para respondê-las.

Faça o seguinte teste com o conteúdo da carta: *você diria tudo que ela contém dessa mesma maneira se estivesse cara a cara com o leitor?*

"Lamentamos informar que..." é o início clássico de milhões de cartas que negam alguma coisa. É difícil imaginar qualquer pessoa dizendo: "Lamento informar que...". Você diria: "Sei o quanto o senhor vai ficar desapontado, mas não existe maneira de fazer isso", ou "Não, não creio que isso seja possível — mas que tal esta alternativa?".

106 | A ESCRITA DOS LÍDERES

Digamos que você seja o gerente de uma loja que vende geladeiras. Depois de usar o modelo top de linha durante quase três anos, um cliente informou que ela parou de funcionar durante um fim de semana de calor em que ele estava viajando, e, quando voltou, ele constatou que todos os alimentos dentro do aparelho tinham estragado.

Ele quer que você substitua a geladeira por uma nova, de graça, e que não cobre nada pelo serviço técnico que fez com que a geladeira antiga voltasse a funcionar — "apenas temporariamente", receia ele.

Eis como algumas pessoas responderiam:

Prezado Sr. Traggert:	
Lamento informar que não é possível atender à sua solicitação de uma nova geladeira. Nosso técnico informa que o problema foi pequeno e que provavelmente não vai se repetir.	**Desaprovação institucional**
Na ocasião da compra, nós lhe oferecemos uma garantia estendida de três anos. Se o senhor a tivesse aceitado, nossa visita técnica não teria lhe custado nada.	**Como você foi idiota!**
Como o senhor não contratou o serviço de garantia estendida, somos obrigados a cobrar pelo serviço.	**Estamos de mãos atadas**
Lamento sinceramente qualquer transtorno que esse episódio possa ter lhe causado e espero que seu Modelo 6034-Y lhe proporcione muitos anos de satisfação daqui em diante.	**Nossa, parecemos muito sinceros**
Atenciosamente,	

Uma negativa desse tipo, com esse tom corporativo gelado, praticamente garante que a loja vai perder um cliente.

Se ouvisse a história do Sr. Taggert em um jantar, você não diria: "Esse episódio talvez tenha sido inconveniente"; você responderia espontaneamente, algo como: "Isso é *horrível* — que bela recepção depois de passar o fim de semana fora!". Por que não começar a carta desse mesmo jeito humano?

Prezado Sr. Taggert,

Como deve ter sido horrível para o senhor voltar para casa depois de ter passado o fim de semana fora e constatar que toda a comida da geladeira tinha estragado. Consigo imaginar como o senhor deve ter se sentido.

O leitor agora sabe que você pelo menos reconhece a aflição pela qual ele passou. Você poderia continuar no mesmo estilo:

Prezado Sr. Traggert:

Concordo plenamente que qualquer geladeira — e em particular um modelo de luxo como o seu — deveria funcionar sem causar problemas por mais de três anos.	*Concordar é melhor do que argumentar*
No entanto, nenhum fabricante tem um sistema de qualidade perfeito — motivo pelo qual aconselhamos nossos clientes que adquiram uma garantia estendida.	*Coloca o problema em perspectiva*
Se eu não lhe cobrasse pela visita técnica, o senhor estaria obtendo os benefícios de uma garantia estendida sem ter pago por ela.	*Apela para o senso de justiça do leitor. Repare no uso da primeira pessoa*

108 | A ESCRITA DOS LÍDERES

Ao analisar seu pedido de que substituíssemos a geladeira, conversei com o técnico que a consertou. Ele me garantiu que não há nada fundamentalmente errado com ela — o problema foi causado por uma falha esquisita de um parafuso comum, algo que ele nunca tinha visto acontecer. O técnico acha que é extremamente improvável que o problema retorne. "As chances contrárias são de 1 milhão para um", declarou ele.

Avalia seriamente o pedido do leitor, dê razões completas para recusá-lo

Não creio que uma nova geladeira estivesse mais propensa a lhe proporcionar os anos de satisfação que o senhor tem todo o direito de esperar.

Até a recusa é solidária

No entanto, caso volte a ter qualquer problema, por favor entre em contato comigo.

Deixa as portas abertas

Atenciosamente,

Nessa carta, o autor demonstra um interesse pessoal pela situação do cliente. Ele trata as exigências como razoáveis e se dá ao trabalho de explicar por que as está negando. Deixa canais de comunicação abertos — por medida de segurança. Em resumo, a carta passa a impressão de que ele realmente se importa.

Nunca diga não com raiva — por mais alterada que a outra pessoa possa estar. Você está em uma posição de poder. Controle-se. Leve sempre em consideração os sentimentos da pessoa para quem você está dizendo não.

Nunca menospreze ninguém — nunca faça com que um pedido ou reclamação pareça tolo ou absurdo. Demonstre sempre consideração por pontos de vista diferentes dos seus.

Nunca diga não de maneira casual e descuidada. Você deve sempre se dar ao trabalho de explicar suas razões.

Tudo isso se aplica a uma carta-*modelo*. Faça o possível para que ela se pareça o mínimo possível com uma carta-modelo.

A equipe do departamento de admissão da Dartmouth College precisa recusar milhares de candidatos a todas as turmas do primeiro ano. Uma carta-modelo vai direto ao ponto dizendo que "não podemos lhe oferecer admissão à turma de 2004 em Dartmouth". Em seguida, demonstra o tipo de sensibilidade ao impacto da rejeição que poderíamos esperar de uma carta pessoal, enfatizando que a recusa não deve ser tomada como evidência de inadequação ou fracasso.

O processo de seleção não faz uma separação entre candidatos qualificados e não qualificados. Estamos convencidos de que quase todos os candidatos à admissão a Dartmouth vicejariam tanto academicamente quanto pessoalmente na faculdade. Entre os numerosos alunos competentes em nosso grupo de candidatos, uma esmagadora maioria está destinada a ter um desempenho altamente satisfatório durante os anos que cursarem a faculdade. É o tamanho relativamente pequeno de nossa turma de primeiro ano que nos impede de selecionar um número maior de candidatos. Essa é uma das poucas vezes em que desejaríamos ter um corpo de alunos maior para poder aceitar um maior número deles.

Todas as cartas que dizem NÃO deveriam fazê-lo demonstrando a mesma solidariedade pelos sentimentos do leitor.

110 | A ESCRITA DOS LÍDERES

Como cobrar o dinheiro que lhe é devido

É difícil escrever uma boa carta de cobrança. Você não quer irritar o leitor, mas, ao mesmo tempo, deseja receber o dinheiro.

Cuidado com o tom de voz. Se está lembrando a alguém que um pagamento está alguns dias atrasados, não dê a impressão de que está prestes a enviar o caso para o departamento jurídico.

Ruim	Melhor
Prezado Sr. Jones,	*Prezado Sr. Jones,*
Notamos que o senhor deixou de nos remeter o pagamento de junho, que venceu no dia 12.	*Estou escrevendo para lhe informar que ainda não acusamos o recebimento de seu pagamento (vencido no dia 12 de junho).*

Por outro lado, se vai tomar medidas legais, não use meias palavras. Seja franco e diga o tem a dizer:

Prezado Sr. Hinson:

Seu pagamento de junho está três meses atrasado. O senhor não respondeu a três cartas nas quais perguntei se achava que havia um erro na fatura. Não estou conseguindo entrar em contato com o senhor por telefone.

Assim, estou encaminhando seu caso para nosso departamento jurídico para que seja feita a cobrança da quantia que o senhor nos deve.

Cuidado com a escolha de palavras. Nunca use palavras que possam sugerir que o leitor é um criminoso. "Inadimplente" é uma das palavras prediletas das pessoas que fazem cobranças, como na frase: "O senhor já está inadimplente há dois meses." Seu objetivo é receber o que lhe é devido, e você não vai conseguir que os devedores abram o talão de cheques se irritá-los.

Não insinue que o leitor *mentiu.* Se uma mulher escreveu para você dizendo que pagou as faturas pontualmente no dia 1º dos quatro meses anteriores e você não recebeu nenhum pagamento, não escreva: "A senhora está alegando que pagou as faturas...". A palavra "alegar" exala descrença. Se ela estiver mentindo, isso não ajudará em nada. Se *não estiver,* a deixará furiosa. É melhor aceitar a palavra dela e sugerir um possível passo seguinte.

Prezada Sra. Bossler,

Embora a senhora venha efetuando os seus pagamentos em dia, não registramos o recebimento deles.	*Pressupõe sinceridade*
Talvez o erro esteja em nossos registros. Como a senhora vem fazendo os pagamentos em cheque, a esta altura seu banco terá devolvido dois, e talvez três, de seus cheques cancelados, se, de fato, nós os depositamos.	*Admite a possibilidade de erro próprio*
Por favor, procure por eles e, se os encontrar, envie-nos fotocópias, por nossa conta, para que possamos corrigir nossos registros.	*Sugere uma ação construtiva*
Caso a senhora não consiga encontrar os cheques cancelados, temos que pressupor que os pagamentos, de alguma maneira, se perderam. Poderia nos enviar um	*Solicita o pagamento de maneira cortês, porém firme*

112 | A ESCRITA DOS LÍDERES

> novo cheque cobrindo pelo menos os três primeiros pagamentos e, de preferência, os quatro?
>   Envio com esta carta um envelope selado e sobrescrito.
>   Atenciosamente,

Reduz a probabilidade de outro cheque "perdido"

Não há nada nessa carta que possa irritar um cliente inocente, e tampouco nenhuma brecha que possibilite um atraso adicional da parte de um cliente culpado. Tenha em mente que seu propósito não é deixar o leitor irritado, e sim receber o dinheiro que lhe é devido.

Como fazer uma reclamação

Nunca escreva apenas para extravasar. Escreva para conseguir que algo seja feito — receber o dinheiro, obter um serviço mais rápido ou corrigir um erro. A pessoa que vai ler sua carta é responsável pelo que saiu errado? Se não é, não faz sentido ser desagradável em sua escrita. Embora a raiva tenha seu lugar tanto na correspondência quanto na vida, você frequentemente obterá melhores resultados a partir de uma declaração serena e lúcida sobre o que saiu errado e o que gostaria que fosse feito a respeito.

Inclua tudo o que o leitor precisa saber para tomar providências — número da conta, número do pedido, datas pertinentes, números de formulários, fotocópias de cheques cancelados, fotocópias de faturas. Se você omitir alguma informação, poderá ter que esperar outra troca de correspondência para obter progresso.

Coloque a reclamação e o que quer que seja feito a respeito dela na primeira frase.

O suéter que encomendei para o aniversário do meu filho não chegou. Por favor, enviem outro imediatamente.

Solicite uma resposta com uma declaração específica de qual será o próximo passo:

Por favor, me informem que medidas vocês pretendem tomar e quando.

Se você não for o responsável por lidar com esta situação, por favor encaminhe minha carta para a pessoa adequada. E, por gentileza, me informe que o fez e quem é essa pessoa. Desejo obter essa informação, o mais tardar, na sexta-feira, 10 de maio.

Seja claro. Seja completo — e você pode incluir uma descrição de cortar o coração do que sofreu. Seja firme, seja cortês. Esse é o tipo de carta que geralmente obtém resultados mais rápidos. Se não der certo, bote para quebrar. Escreva para o chefe da organização e inclua toda a correspondência. Na maioria das vezes, seu problema será resolvido pelo chefe.

Como responder a reclamações

Nunca fique na defensiva. Se a reclamação for razoável, assuma isso — e diga o que vai fazer a respeito. A Neiman Marcus, rede de lojas de departamentos estabelecida em

114 | A ESCRITA DOS LÍDERES

Dallas, construiu grande parte de sua reputação baseada na receptividade aos clientes. Eis como o então presidente do Conselho Administrativo, Richard Marcus, respondeu à reclamação de uma cliente:

Prezada Sra. Klugman,

Fiquei pasmo ao tomar conhecimento do péssimo serviço que a senhora recebeu recentemente de nosso Departamento de Vendas por Catálogo; a falta de receptividade e a conversa descortês que a senhora teve com um dos membros de nossa equipe de atendimento telefônico desse departamento são simplesmente indesculpáveis.	*Aceita a reclamação ao pé da letra*
Estou solicitando ao Sr. Ron Foppen, vice-presidente sênior e diretor de nosso setor de Vendas por Catálogo, que investigue essa questão agora mesmo, e ele entrará pessoalmente em contato com a senhora daqui a alguns dias.	*Informa o que vai fazer a respeito*
Peço desculpas por qualquer transtorno e constrangimento que possamos ter causado, e estou certo de que teremos a oportunidade de atendê-la melhor no futuro.	*Pede desculpas e que a pessoa continue a ser cliente*

Atenciosamente,
Richard Marcus

Longe de se colocar na defensiva, o Sr. Marcus se posiciona abertamente, chamando o serviço da loja de "péssimo" e dizendo que é "indesculpável". Apesar do clichê do pedido de desculpas, "por qualquer transtorno que possamos ter causado", a carta como um todo soa pessoal, solidária e receptiva.

E se você sentir que a reclamação carece de qualquer justificativa? Diga isso, mas com cortesia. Os leitores inteligentes são competentes em detectar o menor indício de irritabilidade ou impaciência. Você deve ser, pelo menos, tão cortês no papel quanto seria pessoalmente. Direto e sem rodeios, mas nunca sarcástico ou rude.

Quando usar cartas muito breves

Uma carta breve — contendo, às vezes, apenas uma ou duas frases — pode ser altamente eficaz. Ela pode determinar seu interesse.

Prezado Sr. Woodrow,

Estamos muito interessados em sua proposta. Entraremos em contato tão logo tenhamos resolvido nossos problemas de orçamento para o próximo ano — no máximo até o fim da semana que vem.

Ela pode informar ao leitor o que está acontecendo e demonstrar seu interesse.

Prezada Sra. Pruitt,

Metade da remessa foi despachada esta manhã, por expresso aéreo. A outra metade seguirá na próxima segunda-feira, por encomenda postal, como a senhora solicitou.

116 | A ESCRITA DOS LÍDERES

Ela pode trazer um agradecimento.

> *Prezada Helen,*
>
> *Espero que você possa manter Dan Murphy em nossa conta para sempre. Ele é o melhor representante de vendas com quem já lidei até hoje.*

As decisões importantes, no entanto, raramente são tomadas de maneira impessoal em memorandos, cartas ou e-mails. "Aqueles que têm em mente que algo significativo e construtivo só acontece quando duas pessoas estão na mesma sala se comunicando cara a cara — e, inversamente, que algo destrutivo acontece quando se escondem atrás da tecnologia para se comunicar — serão as mais felizes e bem-sucedidas no novo ambiente", afirma Mark McCormack, presidente e CEO do International Management Group, destacada empresa de marketing esportivo. Apesar de a comunicação eletrônica continuar a se propagar, conversar pessoalmente ainda é decisivo.

Os memorandos de Churchill iam direto ao ponto:

Primeiro-ministro para General Ismay, 8 de agosto de 1943

Eliminei muitos codinomes inadequados no documento anexo. Operações nas quais um grande número de homens perde a vida não devem ser descritas por palavras-código que implicam um sentimento jactancioso e excessivamente confiante, como "Triunfante", ou, inversamente, que são calculados para envolver o plano com um ar de desânimo, como "Massacre", "Confusão", "Problema", "Inquietude", "Frágil", "Patético" e "Preconceito". Os codinomes não devem encerrar um caráter frívolo, como "Tango", "Rumba", "Foxtrot" ou "Swing". Não devem ser palavras comuns frequentemente usadas em outros contextos, como "Enxurrada", "Aveludado", "Inesperado", "Supremo", "A Toda Força" e "A Toda Velocidade". Nomes de pessoas vivas — ministros ou comandantes — devem ser evitados: *e.g.*, "Bracken".

1. O mundo é vasto, e ideias inteligentes prontamente fornecerão um número ilimitado de nomes sonoros que não indicam o caráter da operação, não a desmerecem de nenhuma maneira e tampouco tornam provável que uma viúva ou mãe diga que seu marido ou filho foi morto em uma operação chamada "Tango" ou "Foxtrot".

A ESCRITA DOS LÍDERES

2. Os nomes próprios são bons nesse campo. Heróis da Antiguidade, figuras das mitologias grega e romana, as constelações e as estrelas, cavalos de corrida famosos, nomes de heróis de guerra britânicos e norte-americanos podem ser usados, desde que se encaixem nas regras citadas. Não há dúvida de que muitos outros temas poderiam ser sugeridos.
3. Todo esse processo deve ser tratado com bastante cuidado. Uma administração eficiente e bem-sucedida se manifesta igualmente nas pequenas e grandes questões.

6. Como escrever para uma plateia: apresentações e discursos

As pessoas vieram para ouvir. Você tem a atenção delas, pelo menos no início. Se não quiser perdê-la, não desperdice seu tempo. Não as deixe entediadas. Fale *com* as pessoas, não *para* elas.

Ao preparar qualquer tipo de apresentação ou discurso, o princípio mais básico é pensar a respeito do *público*. Cada um é diferente e tem interesses especiais. Qual é o perfil das pessoas, e por que elas estão presentes? O que existe na mente coletiva delas? O ambiente é formal ou relaxado? Você está falando no meio de um dia de trabalho movimentado ou depois de uma farta refeição noturna? Tudo isso deve influenciar o que você diz e como o diz. Escrever para uma plateia é diferente de escrever para ser lido.

120 | A ESCRITA DOS LÍDERES

A lógica da comunicação empresarial

No mundo dos negócios, existe uma lógica — uma disciplina de pensamento e comunicação — que impulsiona projetos, soluciona problemas, define planos e transforma ideias em ação. Para aqueles que trabalham na área do governo ou da educação e de instituições sem fins lucrativos, ela é identificada e acolhida como eficiente. Nos negócios, é aceita como algo natural.

A forma da comunicação evolui. O memorando interno está desaparecendo, sendo substituído pelo e-mail. No caso das recomendações e propostas importantes, os documentos formais foram substituídos, em sua maior parte, por apresentações cara a cara. Em vez de escrever para um leitor, estamos escrevendo para uma *plateia*.

A forma principal de apresentação na maioria das organizações se tornou o "deck",* jargão para muitas páginas com pontos de destaque que funcionam como estrutura para a elaboração oral. O nome provavelmente deriva de um conjunto de papéis (como um baralho, que é um conjunto de cartas),** mas eles podem ser apresentados em transparências ou slides de PowerPoint em uma tela ou monitor. Existe apenas uma constante: os *decks* são invariavelmente horizontais. Às vezes, o apresentador até desaparece, como quando há uma solicitação de "Envie-me seus slides", uma evidência do quanto essa forma de comunicação se tornou generalizada.

---

*Termo usado nos Estados Unidos. No Brasil, chamamos de "apresentação de slides". (*N. da T.*)
**Deck of cards, em inglês. (*N. da T.*)

Embora os *decks* careçam da precisão e nuance dos memorandos ou documentos cuidadosamente elaborados, não é produtivo lamentar a perda. Os *decks* são a realidade, a ferramenta empresarial que faz com que as coisas aconteçam. E essa ferramenta tem seus próprios méritos, já que estimula o debate e desencadeia discussões em vários níveis de administração.

Um dos conhecidos adeptos dos *slide decks*, a empresa de consultoria McKinsey os utiliza com eficácia nos "encontros" com os clientes. Escrevendo na revista *New Yorker*, Nicholas Lemann descreve a abordagem da McKinsey:

> O objetivo do encontro não é dar ao cliente material de leitura, e sim reduzir a questão à sua essência palpitante. A equipe do cliente entra na sala, você apresenta o deck e, de maneira clara, direta, racional e brilhante, introduz seus "argumentos esmagadores", marchando inexoravelmente através deles em direção à infalível conclusão estratégica.

Reduzir a questão à sua "essência palpitante" é o que um *deck* bem-feito faz melhor. Apenas pontos fundamentais em cada página, o menor número possível de palavras. Mas os pontos na página precisam apontar para alguma coisa — uma *iniciativa*.

O formato conduz a audiência em um fluxo de lógica:

- *Objetivo*
- *Antecedentes*
- *Fatos*
- *Conclusões*
- *Recomendações*
- *Passos seguintes*

122 | A ESCRITA DOS LÍDERES

Na apresentação do Memorial Sloan-Kettering que se segue:

- *A ESTRATÉGIA NA INTERNET é o Objetivo.*
- *O INTERESSE NA INTERNET POR INFORMAÇÕES MÉDICAS são os Antecedentes.*
- *OS IMPULSIONADORES DE CRESCIMENTO são Fatos a serem considerados.*
- *ALAVANCANDO A INTERNET é a Conclusão.*
- *A Recomendação é UM WEBSITE ABALIZADO.*
- *O Financiamento e o Controle do Conteúdo são os PASSOS SEGUINTES.*

Um típico *DECK* de apresentação

MEMORIAL SLOAN-KETTERING CANCER CENTER

Estratégia na internet

Os norte-americanos estão buscando cada vez mais informações sobre saúde e medicina na internet

[Tabela mostrando o crescimento on-line das informações sobre saúde e medicina]

Impulsionadores de crescimento

Os consumidores estão assumindo um papel mais ativo no gerenciamento de sua saúde [Pesquisa de opinião]

A internet possibilita que os pacientes se eduquem em temas relacionados à saúde [Pesquisa]

Cuidados controlados que reduzem o acesso dos consumidores aos médicos, levando-os a buscar fontes alternativas de informações

124 | A ESCRITA DOS LÍDERES

Ao alavancar o poder da internet, a MSKCC pode transmitir sua missão para um público muito mais amplo

Missão da MSKCC

"O controle progressivo e a cura do câncer por meio de programas de cuidados com o paciente, a pesquisa e a educação"

Educação [Acesso ao conhecimento, disseminação das descobertas]

CancerSmart será um website voltado para informações e recomendações médicas

A prevenção, a detecção e a melhora do tratamento na qualidade de vida daqueles que têm a doença e de sua família

---

Embora haja uma série de sites médicos e alguns com informações sobre câncer, nenhum oferece a amplitude e a profundidade do site proposto

[Exemplos — saúde em geral, organizações de câncer, sites especializados, recomendações médicas]

Chegar a essa estrutura simples requer uma análise disciplinada de cada elemento — alternativas, implicações, custos ou algum outro fator que precise ser avaliado.

Um modelo útil para ajudar a organizar essa análise, especialmente no caso de decisões complexas, é o Princípio da Pirâmide, desenvolvido para a McKinsey por Barbara Minto:

O PRINCÍPIO DA PIRÂMIDE

A ordem mais fácil é receber as ideias mais importantes, mais abstratas, antes das ideias secundárias, corroborativas. E como as ideias mais importantes sempre derivam das secundárias, a estrutura ideal das ideias sempre será uma pirâmide de grupos de ideias interligados por um único pensamento global.

COMPRAR UMA GRANDE FRANQUIA

Cresce mais rápido do que o setor | **Impacto financeiro positivo** | **Fácil de absorver**

Grande mercado	Poucos concorrentes	Baixo Custo	Vendas crescentes	Lucros crescentes	Negócios separados	Mesmos gerentes	Controles simples

Dentro dessa estrutura piramidal, as ideias se relacionarão verticalmente — no sentido de que em qualquer nível sempre haverá um resumo das ideias agrupadas embaixo; e horizontalmente — no sentido de que as ideias terão sido agrupadas porque apresentam um argumento lógico.

---

126 | A ESCRITA DOS LÍDERES

Embora nem toda apresentação se encaixe impecavelmente em uma estrutura piramidal — cada uma precisa refletir a questão comercial que está sendo considerada —, o princípio pode ser útil para organizar a lógica e o raciocínio. Barbara Minto assinala que a maioria das pessoas tem apenas uma noção nebulosa de suas ideias quando se sentam para escrever e só conseguem saber exatamente o que pensam quando são forçadas a descobri-lo. "Como saber o que eu penso", indagou o romancista E. M. Forster, "enquanto não vejo o que escrevo?"

Como organizar uma apresentação

Organizar uma apresentação envolve uma combinação de raciocínio claro (o Princípio da Pirâmide, por exemplo) e uma comunicação clara (os pontos que se seguem aqui).

É bastante provável que o cenário seja uma sala de reuniões. É um ambiente de negócios. Tudo o que disser, tudo o que mostrar, todo recurso que você usar, precisa impeli-lo na direção de seus objetivos de maneira prática e eficaz.

1. Mantenha as coisas simples — mantenha-as exatas e precisas

Comece com objetivos escritos específicos — e uma estratégia. Você precisa de um tema para conferir unidade e direção à sua apresentação, bem como para fixar seu propósito na mente do público. Crie um tema simples, fácil de recordar e comece com ele, usando um título para exprimi-lo.

DUPLICAR AS VENDAS

REDUZIR OS CUSTOS

PRECISA-SE DE UM NOVO CAMPO DE BEISEBOL

MAIS DIVERSÃO PARA OS CIDADÃOS DE BOSTON

Associe cada elemento da apresentação ao tema. Se estiver usando gráficos, coloque o tema sozinho em um gráfico e posicione-o em um local onde fique visível durante toda a apresentação. Isso mantém as pessoas da plateia — que às vezes estão sonolentas, com frequência distraídas e sempre com muita coisa na cabeça — concentradas no tema (e na mensagem).

2. Diga ao público qual é o seu objetivo

Mostre um roteiro que relacione os pontos que você vai abordar. Descreva a estrutura da apresentação e diga quanto tempo ela vai durar. Faça uma estimativa conservadora desse tempo — cometa o erro de dizer que ela vai ser mais longa do que calcula. Uma apresentação que esteja programada para durar vinte minutos e dura 25 parece uma eternidade. No entanto, se ela estiver programada para meia hora e durar 25 minutos, parecerá animada e eficiente.

Durante toda a reunião, consulte o roteiro para prender a atenção da plateia. Prepare um livreto da apresentação e diga logo no início que distribuirá cópias para todos no final da reunião. Isso tira a obrigação dos ouvintes de fazer anotações volumosas (em vez de escutar), de modo que você obterá toda a atenção deles.

Faça tudo o que foi solicitado — e um pouco mais. Seja preciso e completo ao tratar do que foi pedido. Se não puder abordar algum ponto, deixe isso claro e explique o motivo.

128 | A ESCRITA DOS LÍDERES

3. Fale *deles*, não *de nós*

Enquanto fala sobre *suas* credenciais e de *suas* realizações, os membros da plateia estão pensando na organização *deles*, no negócio *deles*, nos problemas *deles*. O maior erro que você pode cometer nas apresentações é começar catalogando suas credenciais, dizendo às pessoas como você é incrível.

> *Os autores aprenderam no setor de publicidade que as melhores apresentações em busca de novos negócios começavam com uma pesquisa no mercado do possível cliente. Até mesmo estudos em pequena escala fascinavam o público desde o início. Essas constatações sobre os problemas do possível cliente definiam as recomendações da agência. Nossas credenciais vinham no fim, e frequentemente não eram necessárias. A essa altura, já tínhamos fechado ou não a venda.*

Relacione o que estiver oferecendo com as necessidades do público. Apresente tudo o que for possível em função de benefícios para a plateia.

4. Pense em títulos, não em rótulos

Os apresentadores frequentemente têm dados impressionantes nos gráficos, mas deixam de discriminar o que eles mostram, de modo que a plateia não entende o que os números provam. O que seus dados estão dizendo? Os títulos nos gráficos devem dizer ao público como pensar a respeito desses números.

Use	Em vez de
"A concorrência com preços baixos está ganhando"	*"Tendências"*
"Nossa vantagem é o serviço"	*"Por que a Acme?"*
"As avaliações de seguro são um problema"	*"Restrições aos negócios"*
"Temos que melhorar o serviço"	*"Conclusão"*

Use títulos para determinar os pontos principais. Conduza a plateia numerando-os em gráficos ou slides, dizendo às pessoas quantos você tem.

Estratégia introdutória

1. *Pequenos mercados antes dos grandes.*

2. *Três novos mercados a cada seis meses.*

3. *Concentrar a construção na primavera e no verão.*

Leia cada palavra na tela ou gráfico para o público. Não parafraseie. Alguns apresentadores consideram desnecessário, até mesmo infantil, ler textualmente, mas não importa o que você faça, os membros da plateia vão ler o que está diante dos olhos deles. Se o que estiverem ouvindo for diferente do que estão vendo, vão se distrair e ficar confusos. Leia tudo o que estiver escrito e em seguida comente e amplie o que leu. Você não estará mais competindo com os slides ou gráficos pela atenção do público.

Se seu estilo é falar de improviso, coloque apenas palavras ou frases essenciais nos gráficos ou slides.

130 | A ESCRITA DOS LÍDERES

Problemas	
Preço	Japão
Controle de qualidade	Suécia

Fique de frente para a plateia quando fizer a apresentação. Muitas pessoas viram as costas e leem o que está na tela, ainda mais quando usam transparências. Trabalhe a partir do próprio slide ou de um roteiro. É bom evitar as salas escuras com slides (particularmente depois do almoço). A projeção por computador ou os gráficos mantêm as luzes acesas, e o público, alerta.

5. Envolva a plateia

Procure utilizar recursos visuais interessantes quando for apresentar um material enfadonho e rotineiro. Um pouco de criatividade pode obter excelentes resultados. Novos programas de computador tornam fácil usar cores em gráficos de pizza e diagramas de barras. As revistas de notícias contratam os melhores artistas para tornar os gráficos claros e interessantes. O jornal *USA Today* é particularmente versado em gráficos e publica pelo menos um por dia no canto inferior esquerdo da primeira página. Estude as técnicas dessas publicações e copie-as.

Pense em maneiras de envolver os membros da plateia. Crie jogos com eles. Experimente introduzir alguma coisa adicional, algo *inesperado*. Isso demonstra mais do que um interesse rotineiro. Você pode reproduzir gravações de clientes descrevendo o produto oferecido por seu público, citar um trecho relevante de um discurso proferido há muitos anos antes do executivo principal da plateia ou mostrar um trecho do noticiário do dia anterior que esclareça ou reforce um ponto importante.

David Ogilvy era famoso por adicionar drama às suas apresentações. Para defender sua ideia a respeito da importância de contratar as melhores pessoas, ele apresentou conjuntos de bonecas russas aos diretores — aquelas bonecas que abrem e revelam bonecas cada vez menores uma dentro da outra. Em volta da menor de todas havia uma tira de papel com a seguinte mensagem:

Se contratarmos pessoas menores do que nós, nos tornaremos uma empresa de anões. Se contratarmos pessoas maiores do que nós, nos tornaremos uma empresa de gigantes.

"Contratem pessoas melhores do que vocês", determinou Ogilvy, "e paguem mais a elas, se necessário. É assim que nos tornaremos uma grande agência". Ninguém se esqueceu das bonecas russas, que dramatizaram a mensagem.

Os floreios dramáticos precisam ser relevantes para o argumento. Quase todo mundo já esteve presente em grandes apresentações da indústria do entretenimento nas quais o espetáculo era mais importante que a mensagem. Vá com calma na tecnologia, que pode adquirir vida própria. Os programas de software geram slides que "criam", "dissolvem" ou "eliminam" técnicas que podem agregar interesse — ou distrair. Lembre-se de que você está na área de negócios, não na indústria do entretenimento, e o objetivo de sua comunicação é persuadir.

132 | A ESCRITA DOS LÍDERES

6. Encerre com firmeza

"Deixe alguma coisa que me faça lembrar de você"*, diz a música. Assim que você for embora, é bem provável que a plateia volte a atenção para outros assuntos — talvez para apresentações de seus concorrentes. Deixe algo que o faça ser lembrado.

Não permita que a reunião se desvie para trivialidades. Encerre com um resumo e uma reformulação veemente de sua proposição ou recomendação. No caso de apresentações importantes, pense em um encerramento dramático — algo visual, talvez um pequeno presente que simbolize o argumento principal.

A apresentação deverá durar o tempo programado. Se ela demorar mais do que você informou no início, deixará transparecer falta de disciplina.

Os apresentadores frequentemente criam asas quando se veem diante de uma plateia. Eles se expandem, contam casos curiosos — e parecem odiar a ideia de ficar sentados. Se o que você escreveu se encaixar exatamente no tempo previsto quando ensaiar, é provável que passe do horário na apresentação. Se tem vinte minutos, escreva um roteiro para 15.

Reserve algum tempo para perguntas — a sessão de perguntas e respostas permite que a plateia o conheça melhor e poderá inclinar a decisão a seu favor. E prepare-se para elas. Enquanto estiver escrevendo, fique alerta aos inevitáveis pontos fracos. Quais são as falhas em seu argumento? Que alternativas você considerou? Se não conseguir formular as

---

*"Oh, give something to remember you by", trecho da música "Something to remember you by". (N. do E.)

respostas durante a apresentação, esteja pronto para lidar com elas, mas sempre de maneira breve e respeitosa, para que a pessoa que fez a pergunta se sinta inteligente por tê-la feito.

Edite para abreviar. Reorganize para se certificar de que a mensagem está clara. Revise para fazê-la soar como você, fale de maneira natural.

Ensaie, e sempre com os acessórios que você vai usar na hora. Você pode achar que sabe como lidar com os gráficos e outros recursos visuais, mas cada apresentação parece apresentar problemas particulares. Se for possível, use a sala onde o encontro vai acontecer. Ensaie a apresentação inteira pelo menos duas vezes. Só amadores se preocupam com a possibilidade de se preparar demais e ser prejudicados por isso. Quanto mais você souber o que está fazendo, mais espontâneo parecerá.

Discursos que provam um argumento

"Comece tentando descobrir o que quer dizer", afirma a autora de discursos Peggy Noonan, que contribuiu para muitos dos discursos mais eficazes de Ronald Reagan. Sua experiência é que "...é mais difícil decidir o que quer dizer do que descobrir como dizê-lo".

A maioria das pessoas tem uma dificuldade enorme para começar a escrever um discurso. A resposta é não buscar uma grande introdução. Não ficar preocupado com a escolha da melhor piada. A melhor maneira de começar é pensar em quem estará na plateia e decidir o que quer dizer para eles.

134 | A ESCRITA DOS LÍDERES

Decida de que ponto *específico* quer que eles se lembrem após a apresentação. Depois disso, comece a escrever. Você pode anotar qualquer coisa que o conduza ao que deseja falar, por mais deselegante que isso possa parecer. Haverá tempo para polir o discurso posteriormente. O importante é seguir em frente.

Envolva-se com o assunto muito antes de começar a escrever. Leia a respeito, faça anotações de trechos que poderão ser usados, histórias ilustrativas, notícias relacionadas. Tudo o ajudará a se fixar em um tema. O passo seguinte é um esboço amplo, com três ou quatro pontos principais com exemplos ou pontos secundários em cada um. (Um dos autores agora faz isso no computador.)

Chegou o momento de formar uma imagem da situação da apresentação. É um discurso após o jantar, uma palestra, um seminário? Você é o único orador ou um entre vários? Quem vai falar antes de você? A plateia estará sonolenta? Tenha em mente a situação enquanto estiver escrevendo, porque isso fará diferença no que vai dizer e na maneira como vai dizê-lo.

Ao redigir um discurso, é proveitoso pensar que está se dirigindo a uma pessoa específica em vez de a um público impessoal. O que você escrever deverá soar exatamente como se estivesse falando com *alguém*.

Outro truque que geralmente funciona é o seguinte: apague os primeiros parágrafos. Não raro encontrará sua frase de abertura na metade da primeira página. Quase todos temos a tendência de fazer um aquecimento longo demais antes do arremesso.

1. Construa o assunto com um ponto de vista

Alguns cínicos afirmam que o título subliminar de todo discurso é "Como ser mais parecido comigo". Embora a plateia provavelmente não fosse aguardar ansiosa por um discurso que efetivamente tivesse esse título, os bons discursos quase sempre expressam um ponto de vista pessoal fortemente arraigado.

H. L. Mencken comparou dois discursos do presidente Harding:

> *O primeiro foi sobre os ideais simples da Ordem dos Elks*: era um tema que lhe interessava muito, e ele pensara detalhadamente a respeito. O resultado foi um discurso excelente — claro, lógico, vigoroso e com um toque de beleza agreste e romântica. No entanto, quando o presidente tentou proferir um discurso sobre Dante Alighieri em um encontro público em Washington, a mensagem que queria passar logo ficou tão abstrata e absurda que até o Corpo Diplomático começou a rir baixinho.*

O título deve refletir sua opinião. Uma pista para a falta de ponto de vista em um discurso é um título preguiçoso ou a ausência completa dele: "Comentários antes da Sétima Conferência Anual."

Os títulos dos discursos são diferentes dos títulos de filmes ou livros, concebidos para vender ingressos ou exemplares. O discurso já tem um público — que estará presente para ouvi-lo como um dever profissional. Quanto menos ele der a impressão de ser uma obrigação e quanto mais puder ser aguardado com prazer, mais provável é que os membros

---

*The Benevolent and Protective Order of Elks, sociedade que tem como objetivo discutir as causas da comunidade negra. *(N. da T.)*

136 | A ESCRITA DOS LÍDERES

da plateia prestem bastante atenção a você e registrem o que você disser. Um título interessante pode criar essa sensação de espera prazerosa.

Eis alguns títulos interessantes:

> *A árvore que se estende até o céu (em Wall Street)*
>
> *Empresas sem fins lucrativos: cinco acréscimos aos Dez Mandamentos*
>
> *Como manter seus anúncios longe dos tribunais*
>
> *Sites que conheci*
>
> *Quando a bolha vai estourar?*

As ideias nas quais você acredita geram bons discursos. Tom Peters, autor de *Vencendo a crise*, aconselha que não devemos aceitar nenhum tema pelo qual não tenhamos um forte interesse: "Atenha-se a temas pelos quais você se interesse profundamente, e não mantenha sua paixão abotoada dentro do paletó. A coisa que mais estimula uma plateia é o entusiasmo óbvio do orador."

2. Comece rápido

Pode ser "uma honra e um privilégio" ter sido convidado para falar, mas não é isso que as pessoas vieram ouvir. Mergulhe no que deseja dizer. A ocasião poderá exigir algumas cortesias de abertura *pró-forma*, mas elas deverão ser o mais breve possíveis.

Adlai Stevenson pode ter perdido a corrida presidencial contra Eisenhower, mas ganhou a reputação de um dos oradores mais elegantes de seu tempo. Sua primeira aparição pública depois da indicação como candidato (endossada pelo então presidente Harry Truman) começou com o seguinte comentário:

Aceito a indicação — e seu programa.

Eu teria preferido ouvir essas palavras pronunciadas por um homem mais forte, mais sábio e melhor do que eu. Mas depois de ouvir o discurso do presidente, sinto-me até mesmo melhor com relação a mim mesmo.

Nenhum de vocês, meus amigos, é capaz de compreender totalmente o que sinto em meu coração. Espero apenas que entendam minhas palavras. Elas serão poucas.

Você não precisa contar piadas. Você é engraçado? Quando está em pequenos grupos, faz as pessoas rirem? Se não, esqueça. Se contar uma piada ou um caso curioso, não crie um crescendo até ele ("Quando eu vinha para cá esta noite..."). Conte a piada. Certifique-se de que ela é relevante para o seu argumento. Tenha certeza de que é engraçada — experimentando-a antes.

Comece com aquele ponto específico que deseja que os membros da plateia assimilem e depois conclua de uma maneira memorável para que isso aconteça. Não simplesmente repita a ideia ("Como eu disse no início desta palestra..."); procure uma imagem vívida para registrar seu ponto.

138 | A ESCRITA DOS LÍDERES

3. Redija o discurso para ser falado

Não pense nele como um discurso. Pense como se fosse uma conversa com um amigo. Ronald Reagan era mestre nisso. Eis como ele lidou com a explosão do ônibus espacial *Challenger* (com uma ajuda atribuída a Peggy Noonan).

Reagan começou expressando pesar:

> *Senhoras e senhores, esta noite eu tinha planejado falar a respeito do Estado da União, mas os eventos que ocorreram há algumas horas me levaram a mudar de planos. Hoje é um dia de luto e recordação.*
>
> *Nancy e eu estamos profundamente abalados com a tragédia do ônibus espacial* Challenger. *Sabemos que compartilhamos essa dor com todo o país. É uma perda nacional.*

Depois de homenagear com simplicidade os sete homens e mulheres que morreram e suas famílias, o presidente se dirigiu às crianças em um tom coloquial:

> *E quero dizer uma coisa para as crianças americanas que estavam assistindo à cobertura da decolagem do ônibus espacial. Sei que é difícil de entender, mas às vezes coisas dolorosas desse tipo acontecem. Tudo faz parte do processo de exploração e descoberta; tudo faz parte de correr um risco e expandir os horizontes humanos. O futuro não pertence aos covardes, ele é dos intrépidos.*

Foram palavras comoventes e cheias de emoção — é difícil chamá-las de discurso. Foi como se Reagan estivesse *conversando* com o público.

Leia em voz alta o rascunho de seu discurso e edite-o até que ele dê a impressão de que você está falando de maneira natural. Os *ghost-writers* podem ajudar, mas sua mensagem, em última análise, precisa refletir quem você é. Nunca profira um discurso redigido por outra pessoa sem tê-lo revisado para que soasse como você.

4. Faça-os refletir

Um grande discurso é aquele que inspira o público a pensar sobre algum assunto a partir de uma nova perspectiva. É muito proveitoso que você tenha credibilidade, se a plateia perceber que está falando a partir de um conhecimento pessoal. Robert Rubin, descrito (em 1999) como "o secretário do Tesouro mais bem-sucedido do século", é conhecido por tomar boas decisões. Ele estava, portanto, em uma boa posição para enfocar seu discurso de paraninfo na Universidade da Pensilvânia sobre tomada de decisões. O título foi: "Um respeito saudável pela incerteza"

> *Examinando os anos que se passaram, verifico que fui guiado por quatro princípios para a tomada de decisões.*
>
> *O primeiro é que a única certeza é que não existe certeza nenhuma. Segundo, que cada decisão, como consequência, é uma questão de avaliar as probabilidades. Terceiro, que, apesar da incerteza, precisamos decidir e agir. E, por último, que precisamos julgar as decisões não apenas em função dos resultados, mas em função de como elas são tomadas.*

Ele encerra com um lembrete de um mundo de maior interdependência e um apelo para que "reconheçamos essa realidade e rejeitemos as vozes do retraimento...". Um material

140 | A ESCRITA DOS LÍDERES

pesado, mesmo para uma cerimônia de entrega de diplomas, porém importante — e algo que levará pelo menos alguns membros da plateia a refletir.

5. Nunca houve um discurso breve demais

Ao se retirar de um recinto depois de um discurso, você se lembra de alguma vez ter pensando que ele foi bom — porém um pouco curto demais? A maioria dos bons discursos dura menos de vinte minutos. Pense naqueles que você teve que ouvir tantas vezes, e como poderiam ter sido muito melhor desenvolvidos em poucas palavras.

Quando Theodor Geisel, que escreveu *Dr. Seuss*, recebeu um diploma universitário honorário, decidiu que responderia com o melhor discurso já proferido — e o menor. "Os jovens detestam discursos longos", explicou. "Eles têm outras coisas na cabeça na graduação." Eis o discurso na íntegra:

Meu tio Terwillinger sobre a arte de comer brioches*:

> *Meu tio encomendou brioches*
> *do cardápio do restaurante —*
> *E, quando foram servidos,*
> *ele os contemplou*
> *com um olhar penetrante...*
> *Em seguida, sentado na cadeira,*

---

*No original, *popover*. É uma espécie de brioche grande e oco, por isso o autor do verso se refere a "ar quente". (*N. da T.*)

pronunciou Grandes Palavras de Sabedoria:
"Para comer essas coisas",
disse meu tio,
"é preciso grande cuidado.
Você pode engolir o que é sólido..
MAS
vai ter que cuspir o ar!"
Quando você compartilha o cardápio do mundo,
essa é uma excelente lição a seguir.
Cuspa bastante ar quente.
E tome cuidado com o que engolir.

Poucos de nós — na verdade apenas um de nós — têm o talento de Ted Geisel. Mas não é preciso ter talento para descobrir o que quer dizer, dizê-lo e se sentar.

O discurso deve parecer natural

Pense nos discursos que o impressionaram. O orador parecia estar falando para você, e não lendo. Você precisa estabelecer contato com o público. E isso significa olhar para as pessoas, não para o roteiro.

Alguns oradores têm recursos que possibilitam que eles apenas deem uma olhada no roteiro de vez em quando e passem a maior parte do tempo encarando os membros da plateia. Em última análise, contudo, a única maneira de fazer isso é *ensaiando*. Ensaie até saber quase tudo de cor. Quanto melhor você souber o discurso, mais espontâneo parecerá. E também mais confiante. O que diferencia o orador inesquecível do comum é a confiança e a presença.

142 | A ESCRITA DOS LÍDERES

Como diz a sogra de alguém que conhecemos, "você tem que subir ao palco e fingir que é tão bom quanto qualquer outra pessoa". Os grandes oradores transmitem uma sensação de energia e entusiasmo.

É difícil sermos objetivos a respeito de nossa própria capacidade de oratória. No entanto, ouvir uma gravação de si mesmo ensaiando pode ser útil. O que é ainda melhor: dê o passo traumático de assistir a si mesmo em um vídeo. É uma aula esclarecedora.

Os discursos e as apresentações mais eficazes soam como se tivessem sido improvisados, como se sequer tivessem sido redigidos, para começo de conversa. Os grandes apresentadores e oradores fazem com que tudo pareça tão fácil e natural que temos a impressão de que as palavras simplesmente jorram deles, o que dificilmente é a verdade.

É sem dúvida animador ter um comparecimento tão incrível no Dia do Comércio Eletrônico. Se o tamanho desta plateia for um indicador, o comércio eletrônico está bombando.

E temos novos números indicando que isso vai aumentar ainda mais como vocês verão daqui a pouco. Mas, primeiro, acho que devo lhes dizer alguma coisa a respeito de como chegamos a esses números, para que não duvidem de sua confiabilidade à medida que os examinarmos. Obtê-los exigiu muito tempo e esforço. E nos custou muito dinheiro.

Na verdade, Minha empresa gastou US$80 mil para me trazer aqui hoje — e esse valor nem inclui minhas refeições. US$80 mil é o que gastamos para descobrir o que eu deveria dizer. Isso equivale a cerca de US$2 mil por cada minuto que estou nesta plataforma, de modo que sinceramente espero a atenção de vocês.

Usamos o dinheiro para realizar algumas pesquisas on-line no mês passado. Obtivemos respostas de 3.250 empresas — metade delas com uma receita superior a US$5 milhões, metade com uma receita inferior — e confirmamos os resultados por meio de 350 telefonemas.

Fizemos 25 perguntas para esclarecer se o comércio eletrônico afeta a maneira como elas fazem negócio — e, em caso positivo, *como*.

A remoção de dois parágrafos melhorou esse discurso.

7. Planos e relatórios que fazem com que as coisas aconteçam

O melhor relatório já escrito talvez tenha sido *Veni, vidi, vici*, de Júlio César: "Vim, vi e venci."

Os relatórios, como o de César, descrevem o resultado de uma operação. *O que aconteceu até agora*. Um plano expõe *o que queremos que aconteça*. Ambos são fundamentais para que haja avanço. Fazer com que as coisas aconteçam depende de uma comunicação clara. As consequências da organização defeituosa e da redação descuidada são graves. Os planos não convincentes vão diretamente para os arquivos, sem que nenhuma providência tenha sido tomada com relação a eles. Os relatórios desleixados vão parar na cesta de lixo. Problemas não são reconhecidos ou resolvidos. Oportunidades são perdidas. Coisas que deveriam acontecer não acontecem.

Como escrever um plano

Quer você esteja redigindo um plano de batalha ou um plano comercial, seu objetivo é o mesmo: *a ação.*

"Para Montgomery", escreveu um biógrafo do marechal de campo britânico da Segunda Guerra Mundial, "tudo era uma questão de ter um plano. Uma vez que decidia o que queria — o que, em termos militares, era seu objetivo —, ele elaborava um plano, o qual implementava cuidadosamente por etapas, mantendo o objetivo e concentrando todos os recursos em alcançá-lo".

Um plano começa com uma declaração de propósito clara. A campanha de angariação de fundos para o Jardim Botânico de Nova York começou da seguinte maneira:

> *Este plano estabelece a base para a reestruturação do Jardim Botânico. Ele expõe as futuras orientações do Jardim e identifica os recursos necessários para atingir a estabilidade financeira e avançar com vitalidade.*

O plano delineava os objetivos de cada um dos cinco programas propostos:

- *Novo vigor e foco para a ciência botânica — um novo centro de estudos botânicos, patrocinar a ciência, escalar a equipe do Instituto de Botânica Sistemática e Econômica, fortalecer a biblioteca, melhorar o acesso ao Herbarium, expandir a pesquisa na floresta, renovar laboratórios, disseminar informações científicas.*
- *Um* showcase *da horticultura norte-americana — o grande conservatório, formar patrocínios de horticultura, ampliar a propagação, financiar cargos críticos da equipe, expandir*

146 | A ESCRITA DOS LÍDERES

a administração da floresta, concluir o complexo dos jardins de demonstração, concluir um inventário das plantas e computadorizar a horticultura, melhorar o gramado, reconstruir a Coleção de Coníferas Montgomery.

- **Educação ambiental** — *Jardim de Aventuras das Crianças, educação ambiental na floresta, contratar um coordenador de estudos de pós-graduação, fortalecer a educação continuada.*

- **A experiência do visitante** — *providenciar uma área de estacionamento adicional, renovar o auditório, criar uma nova programação pública, criar um novo centro de visitantes e um novo programa de sinalização, realizar pesquisas de público.*

- **Estabilidade financeira** — *apoiar o crescimento do fundo anual, desenvolver o patrocínio, desenvolver o rendimento do trabalho, conduzir uma campanha de capital.*

A campanha de US$165 milhões que durou sete anos ultrapassou a meta e alcançou quase todos os objetivos.

———

Você está escrevendo para alguém que rejeitará ou aprovará seu plano e o enviará de volta para que você trabalhe mais nele. Qualquer coisa que confunda essa decisão ou desvie o leitor do raciocínio correto torna a aprovação menos provável. Elimine tudo o que for irrelevante. Se sentir que precisa abordar questões secundárias ou paralelas, rotule-as como tais. Tudo em seu plano deve dizer respeito à sua meta.

1. Desenvolva uma base de fatos

A escolha de fatos deve ser rigorosamente seletiva. Atenha-se ao que for relacionado com questões que estão sendo consideradas. Mudanças no mercado. Medidas competitivas. Novos produtos, serviços ou tecnologias. Questões financeiras — receitas, margens de lucro, retorno sobre o investimento. Condições econômicas ou políticas. Diversos planos exigirão uma combinação dessas informações — e muitas outras.

Em seguida, tire conclusões a partir desses fatos. Você quase sempre pode inferir um ou mais princípios — lições aprendidas com a situação vigente ou com outras que tenham fatos análogos. Procure padrões emergentes que poderiam orientar decisões. Finalmente, mostre como os fatos se relacionam com as medidas que você está propondo.

Nunca apresente fatos isolados, como contas desencontradas. Se os fatos não se concatenarem, você deixará o leitor com informações que, assim como as pirâmides mexicanas, não terminam em uma ponta que as una.

2. Exponha claramente suas recomendações

Que medidas você propõe que sejam tomadas? Quais são suas razões?

O plano estratégico para a Trustees of Reservations, uma organização de conservação da terra e de preservação histórica em Massachusetts, fez quatro recomendações (denominadas "aspirações").

Aspiração 1: Salvar terras e propriedades de interesse excepcional de conservação ou de importância estratégica para a qualidade e o caráter da paisagem de Massachusetts.

148 | A ESCRITA DOS LÍDERES

Aspiração 2: Oferecer aos visitantes oportunidades de desfrutar e valorizar nossas propriedades e se juntar a nós para assegurar a preservação das características cênicas, históricas e ecológicas.

Aspiração 3: Envolver e sustentar a participação ativa de um público amplo e diverso na apreciação e na administração da paisagem de Massachusetts.

Aspiração 4: Trabalhar com os proprietários, com fideicomissos de terras e com o governo para proteger, interligar e aprimorar o espaço aberto de alta qualidade para servir as pessoas e conservar a natureza em toda a Commonwealth*.

Um plano é uma recomendação até que seja aprovado. Quando isso acontece, ele se torna um compromisso. Desse modo, precisa descrever passo a passo exatamente o que será feito.

Ao fazer suas recomendações, é sempre sensato considerar riscos e alternativas. Anteveja perguntas e responda-as. Não oculte problemas — encare-os de frente. Torne sua proposta realista. Se sua recomendação for polêmica, considere a possibilidade de incluir uma lista franca de prós e contras. Não distorça os contras (seja justo).

3. O plano deve ser um convite à ação

A primeira versão preliminar de um programa na política dos Estados Unidos depois da Segunda Guerra Mundial

---

*Quatro estados norte-americanos têm oficialmente a palavra *Commonwealth* no nome. Eles são os seguintes: Commonwealth of Kentucky, Commonwealth of Massachusetts, Commonwealth of Pennsylvania e Commonwealth of Virginia. *(N. da T.)*

apareceu em um estilo burocrático, redigido de forma muito deficiente.

É fundamental para nossa segurança que ajudemos os povos livres a realizar seu próprio destino à maneira deles, e nosso auxílio precisa ser sobretudo na forma da ajuda econômica e financeira, essencial para a estabilidade econômica e os processos políticos organizados.

Várias versões preliminares depois, a mesma ideia emergiu como um credo ressonante que se tornou conhecido como a Doutrina Truman.

Acredito que deva ser a política dos Estados Unidos auxiliar os povos livres que estão tentando resistir ao jugo das forças e minorias armadas.

Creio que seja fundamental para nossa segurança ajudarmos os povos livres a realizar seu destino à sua própria maneira.

Creio que nosso auxílio deva ser na forma de ajuda econômica e financeira.

Sua meta é não deixar a menor sombra de dúvida com relação à sua posição e despertar um apoio entusiástico para as medidas que tem em mente.

Como redigir um relatório

Alguns relatórios respaldam o processo de planejamento; outros vêm depois dele, informando o progresso e os resultados. Eles abrangem pequenos e grandes eventos — reuniões, viagens, a concorrência, acontecimentos, boas

150 | A ESCRITA DOS LÍDERES

e más notícias. Uma avaliação inteligente das condições efetivas é fundamental para o progresso. Relate o que está acontecendo e o que você acha que deve ser feito a respeito.

1. Deixe claro por que você está escrevendo o relatório

Todo relatório é escrito com uma finalidade.

Um *relatório de reuniões*, por exemplo, tem apenas um propósito: registrar as decisões tomadas nas reuniões. Ele não reformula argumentos, não oferece opiniões nem tece elogios ou críticas; apenas registra o que foi mostrado ou discutido. O que foi decidido (e não por quê). Que medidas são necessárias e quem será responsável por elas. Qual é o prazo. Que quantia foi autorizada. Ele abarca apenas medidas e decisões — mais nada.

Um *relatório de concorrência* abrange a atividade de concorrência, um *relatório de progresso* abarca o progresso, e assim por diante. Qual é o propósito, e por que alguém deveria se importar? Procure captar o interesse do leitor na primeira frase.

Este relatório descreve uma reunião de diretoria na qual foi decidida a nova política salarial.

O objetivo deste relatório é avaliar um novo produto da concorrência que poderia reduzir nossas vendas pela metade.

2. Confira uma estrutura ao seu relatório

Quer você comece com sua recomendação, quer exponha os fatos antes de revelá-los, deixe clara a direção que está seguindo.

Eis uma estrutura que costuma funcionar:

- Finalidade — *por que o leitor deveria prestar atenção*
- Resumo — *nada de conclusões inesperadas*
- Constatações — *que fatos você reuniu?*
- Conclusões — *que padrões você percebeu?*
- Recomendações — *que medidas você propõe?*
- Próximos passos — *custos, prazos, questões para resolver*

Não há necessidade de exibir *todas* as informações, a não ser que o leitor precise dos mais ínfimos detalhes para compreender o relatório. Coloque no texto apenas os fatos essenciais para atingir seu objetivo. Relegue tabelas e informações auxiliares a um apêndice.

3. Declare os fatos integralmente com precisão

Os jornalistas são treinados para citar os "famosos cinco" — quem, o que, quando, onde e por que (ou como). Não é uma prática ruim para um redator de relatórios (que é, literalmente, um repórter).

> *As principais constatações são que as vendas da Homebrand para este ano até agora estão 28% abaixo do esperado, a distribuição caiu 20%, e o novo produto crocante da Alien está sendo comprado apenas por metade dos compradores de peso.*

Um relatório eficaz declara todos os fatos, tanto os desagradáveis quanto os agradáveis. Ele nunca aumenta a veracidade das coisas. Se você visitou apenas dez lojas em duas cidades, não faça referência a uma "abrangente inspeção de lojas".

152 | A ESCRITA DOS LÍDERES

Os relatos feitos com base em observações pessoais geram relatórios melhores. Saia do escritório e veja por si mesmo o que está acontecendo. Uma pesquisa de campo oferece respostas mais realistas do que qualquer quantidade de estatísticas. Ou pode levá-lo a fazer as perguntas certas. Os generais vão à linha de frente para sentir o clima da situação, porque ver as coisas lhes confere o sentimento do que está acontecendo, o que não podem obter a partir dos milhares de fatos impessoais despejados em seu quartel-general situado atrás das linhas de combate. As pesquisas de campo também são uma fonte de ideias e, não menos importante, fornecem os detalhes que dão vida aos relatórios.

Nunca confie na memória quando estiver recolhendo material para um relatório. Anote tudo o que deseja recordar.

"Jamais, jamais me esquecerei", prosseguiu o Rei, "do horror daquele momento!". "Você com certeza se esquecerá", retrucou a Rainha, "se não fizer um memorando a respeito".

— AVENTURAS DE ALICE NO PAÍS DAS MARAVILHAS

4. Separe a opinião do fato

Ambos são importantes; apenas deixe claro para o leitor o que é um e o que é outro. Isso nos faz lembrar do menino em uma tira cômica de jornal que diz para o pai: "Pedi a você que me descrevesse os fatos da vida, mas você está me dando sua opinião."

Fatos são fatos, não importa quem os está relatando: "A temperatura é de -4°C, e o vento sopra do Noroeste a 25 quilômetros por hora." As opiniões variam dependendo do observador: "É um agradável dia de inverno — estimulante e revigorante."

Você nunca deve deixar o leitor na dúvida com relação ao que é uma opinião e ao que é um fato.

Opinião expressada como fato	Opinião expressada como opinião
As informações seriam úteis, mas é muito dispendioso obtê-las.	Gostaríamos de ter acesso a essas informações, mas achamos que não vale a pena arcar com o custo necessário para obtê-las.
Não podemos começar no dia 1º de maio.	Para começar no dia 1º de maio, desconfio de que teremos que recorrer bastante a horas extras.

A maneira como você expõe os fatos pode conferir peso à sua opinião. Inclua os principais fatos necessários para respaldar seu ponto de vista. Admita aqueles que pesam contra você. Mas não inclua detalhes desnecessários ou irrelevantes apenas para mostrar que se preparou bem.

Fatos são fatos. Conclusões e recomendações são sempre *opiniões*.

A maneira como você *escolhe* os fatos e a forma como os dispõe podem muito bem refletir o ponto de vista que está defendendo. Você pode e deve interpretar os fatos. Seu relatório parecerá mais firme, sobretudo se for alvo de críticas pesadas, se você fizer o esforço consciente de não agrupar os fatos e as opiniões em uma única pilha sem diferenciação.

154 | A ESCRITA DOS LÍDERES

Relatórios anuais claros e compreensíveis

As empresas de capital aberto de todos os tamanhos são obrigadas a publicar os resultados financeiros anuais e tecer comentários sobre eles para os proprietários, os acionistas. Do mesmo modo, escolas, hospitais e outras instituições sem fins lucrativos, que justificam sua posição para as comunidades e patrocinadores uma vez por ano têm que fazer o mesmo. Embora algumas usem bem essa oportunidade, um grande número deixa de pensar claramente a respeito do público ou da mensagem e publica um relatório de boa aparência, porém pouca substância. Muitas dessas instituições moldam seu estilo nos piores hábitos da redação comercial de má qualidade.

Uma recomendação abrangente sobre relatórios anuais está além da esfera de ação deste livro, mas gostaríamos de mostrar como eles *podem* ser realistas — e claros.

O alvo do texto em prosa do relatório anual, em contraste com aquele que esmiúça as demonstrações financeiras, raramente é composto pelo investidor sofisticado ou pela comunidade financeira. Não raro utilizado como um relatório corporativo de uso geral ("uma boa ferramenta de comercialização"), o relatório anual é uma oportunidade para o executivo principal descrever o desempenho da organização, sua estratégia e seu potencial.

Em anos recentes, duas das maiores e mais consagradas empresas do mundo, a IBM e a General Electric, usaram seus relatórios para se posicionar como se tivessem o vigor de vibrantes empresas *start-up*.

A IBM está trabalhando para mudar a maneira como é percebida historicamente, ou seja, deixar de lado a imagem de conservadora e convencional (a "Gigante Azul") e adotar a de vigorosa e sadia (a "Nova Azul").* O Relatório de 1998 não menciona "IBM" ou "1998" na capa — as únicas palavras são *Start-up*, acompanhadas por este texto do CEO Lou Gerstner:

> *O que torna 1999 diferente... é que uma mudança histórica — algo a respeito do que a IBM começou a falar há três anos — está se consolidando e reformulando tudo: a forma como trabalhamos, como fazemos negócio, como interagimos com o governo, como aprendemos, o que fazemos em casa. A cada dia fica mais certo que a internet vai assumir seu lugar ao lado das outras grandes tecnologias transformacionais que primeiro desafiaram, e depois modificaram fundamentalmente, a maneira como as coisas são feitas no mundo.*

Muitos anos atrás, Jack Welch descreveu em um relatório anual da GE o tipo de empresa que ele queria que a General Electric se tornasse:

> *Queremos que a GE se torne uma empresa na qual as pessoas venham trabalhar todos os dias com vontade de tentar alguma coisa em que acordaram pensando na noite anterior. Queremos que elas voltem para casa no fim do dia com vontade de conversar a respeito do que fizeram no trabalho, em vez de tentar esquecer. Queremos fábricas em que, quando o apito tocar, todo mundo fique surpreso pelo fato de o tempo ter passado tão rápido, e alguém questione em voz alta por que precisamos de um apito. Queremos uma empresa em que as pessoas descubram todos os dias uma maneira melhor de fazer as coisas; e em que, ao moldar*

---

*Em inglês, esses termos são "Big Blue" e "New Blue", respectivamente. *(N. da T.)*

156 | A ESCRITA DOS LÍDERES

sua própria experiência de trabalho, elas melhorem a qualidade de vida e tornem a empresa a melhor de todas.

Forçado? Absurdo? Tolice? Ingenuidade? De jeito nenhum! Esse é o tipo de cultura liberada, envolvida, entusiasmada e sem limites que está presente nas empresas start-up *bem-sucedidas. Isso é mais inaudito em uma instituição de nosso porte; mas é o que queremos e estamos determinados a conseguir.*

Gostamos do que Welch diz e admiramos sobretudo a maneira simples e clara como ele o expressa. *The Economist* agora se refere de maneira prosaica à General Electric como "a empresa mais admirada do mundo".

O fundador de uma agência de publicidade australiana, John Singleton, declarou o seguinte em um relatório anual, ao comentar a aquisição de sua empresa pela Ogilvy & Mather:

Bem, nunca me senti tão feliz em admitir que estava errado.

Assim como estava completamente seguro de que precisávamos de um parceiro internacional para desenvolver o negócio e oferecer mais oportunidades aos membros jovens de nossa equipe, eu também sabia que isso teria um custo a curto prazo.

Eu sabia que uma incorporação dessa magnitude envolvendo tantas disciplinas de comunicação inevitavelmente afetaria os clientes e a equipe e resultaria em reveses a curto prazo em prol de um benefício maior para o futuro.

Eu estava completamente errado em todos os aspectos...

Essa franqueza é revigorante — e agradável de ler.

Uma tendência importante que está mudando os relatórios anuais é a utilização de "linguagem clara" nos relatórios de informações financeiras. Grande parte do ímpeto vem de uma instrução da Comissão de Valores Mobiliários de Câmbio [Securities and Exchange Commission] dos Estados Unidos aos fundos mútuos, que já está apresentando resultados:

Antes

Todos os fundos apresentados neste prospecto buscam aumentar o capital investindo em valores mobiliários, sobretudo ações ordinárias, que atendam a determinados padrões fundamentais e técnicos de seleção (relacionados principalmente com a aceleração de lucros e receitas) e têm, na opinião do gestor do fundo, um potencial de valorização superior à média.

Depois

Os gestores do fundo buscam ações de empresas cujo valor, em sua opinião, aumentará ao longo do tempo, usando uma estratégia de investimento de crescimento desenvolvida pela American Century.

Warren Buffett, presidente do Conselho Administrativo da Berkshire Hathaway, há muito produz relatórios admirados por seu discernimento esclarecido, bem como pelos resultados financeiros que divulgam. Buffett se dá ao trabalho de tornar os números compreensíveis, demonstrando, de passagem, que não existe nenhum conflito entre a inteligibilidade e o sucesso. Os seguintes trechos foram selecionados de seu prefácio ao *Plain English Handbook* da comissão:

Existem várias explicações possíveis para o motivo pelo qual eu e outras pessoas às vezes tropeçamos em uma nota contábil ou na descrição de um contrato. Talvez simplesmente não tenhamos o

158 | A ESCRITA DOS LÍDERES

conhecimento técnico necessário para compreender o que a pessoa que redigiu o documento deseja comunicar. Talvez a pessoa que o redigiu não tenha um bom conhecimento do que está falando. Além disso, em alguns casos, desconfio de que a entidade emissora do documento não quer que compreendamos um assunto que ela se sente legalmente obrigada a abordar.

Talvez o problema mais comum, contudo, seja que um redator bem-intencionado e bem-informado simplesmente deixa de transmitir a mensagem para um leitor inteligente e interessado. Nesse caso, jargão empolado e construções complexas costumam ser os vilões.

Buffett conclui com a seguinte dica proveitosa:

Escreva tendo em mente uma pessoa específica. Quando redijo o relatório anual da Berkshire Hathaway, faço de conta que estou me dirigindo às minhas irmãs. Não tenho nenhuma dificuldade em representá-las mentalmente: embora elas sejam muito inteligentes, não são especialistas em contabilidade ou finanças. Entenderão uma linguagem simples, mas o jargão poderá confundi-las. Meu objetivo é simplesmente lhes fornecer as informações que eu desejaria que elas me fornecessem se nossas posições fossem invertidas. Para ter êxito, não preciso ser Shakespeare; preciso, no entanto, ter o desejo sincero de informar.

Você não tem irmãs para quem possa escrever? Eu te empresto as minhas: comece simplesmente com "Queridas Doris e Bertie".

Quando até os números forem fáceis de ler e digerir, de fato teremos progredido.

PLANOS DE NEGÓCIOS PARA NOVOS EMPREENDIMENTOS

Primeiro vem a ideia, depois o dinheiro. Mas antes do dinheiro há o plano de negócios. Para o empresário, trata-se de um fato isolado. Para qualquer investidor potencial, existem muitas ideias e oportunidades — e muitos planos.

A profusão de possibilidades é exemplificada em uma nota do professor Bill Sahlman para seu curso na Harvard Business School. Ele descreve a "pilha cada vez maior de planos de negócios baseados na internet, todos propondo 'revolucionar' um setor, todos 'conservadoramente' projetando pelo menos US$50 milhões em receitas em um prazo de cinco anos com base em uma modesta fatia do mercado de menos de 10%, e todos contendo projeções de prováveis retornos ao investidor de mais de 100% ao ano".

Cada novo empreendimento tem uma "história", termo que substitui "plano de negócios" em alguns círculos. Por que o investidor deveria acreditar em sua história? A PricewaterhouseCoopers diz que o plano de negócios "precisa transmitir ao leitor a ideia de que a empresa e o produto realmente satisfazem uma necessidade não atendida no mercado", e relaciona as questões comerciais a serem abordadas.

Primeiro, vá direto ao assunto e não seja prolixo. Comece com um breve resumo executivo para justificar a sua ideia. A credibilidade é crucial — vale a pena ser franco; é melhor atenuar do que exagerar os fatos; ser claro é fundamental.

O professor Murray Low, da Columbia Business School, identifica duas prioridades principais:

- *Quem são as pessoas?* "Eu preferiria investir em uma equipe de primeira com uma ideia de segunda do que o contrário."
- *Existe um consumidor de verdade?* "Os mercados são abstrações. É preciso haver consumidores dispostos e capazes de pagar."
- Ele também enfatiza duas fraquezas gritantes em muitos planos:
- *Otimismo descuidado* — como dizer que tudo o que é necessário é um pequeno percentual de um grande mercado. "Isso é apenas torcer para que o melhor aconteça. Como o negócio será formado?"
- *Apresentação desleixada* — como erros de digitação, erros de ortografia, gramática descuidada. "Eles não se esforçaram para produzir um trabalho correto, de modo que o plano não será lido. As pessoas podem ser aceitáveis visualmente e em um quadro global, mas você precisa examinar a maneira como elas executam as coisas."

Os investidores procuram segurança em um bom negócio (e em um plano bem-escrito).

8. Recomendações e propostas que vendem ideias

Quer você trabalhe no ramo dos negócios, no governo ou no setor de empresas sem fins lucrativos, terá que vender suas ideias por escrito — seja em recomendações para comissões ou conselhos para que alguma medida seja tomada, em propostas para o financiamento de doações ou em algum outro tipo de argumentação. Por mais convincente que possa ser pessoalmente, será solicitado que se expresse por escrito.

O objetivo é convencer alguém — ou, mais frequentemente, várias pessoas — a aprovar uma recomendação ou proposta e levá-las a concordar em colocá-la em prática. No entanto, muitos desses documentos deixam o destinatário confuso com relação ao que está sendo proposto. Outros são bastante claros, porém pouco convincentes. Alguns são organizados com tanta deficiência que lançam dúvidas sobre o valor do projeto ou da competência do proponente, e podem até mesmo dissuadir um alvo com uma inclinação favorável.

162 | A ESCRITA DOS LÍDERES

Se você não for capaz de vender as suas ideias, é preferível não as ter.

Recomendações convincentes

Todas as empresas passam muito tempo preparando recomendações, não raro com várias opções. Henry Kissinger costumava dizer que os memorandos do Departamento de Estado geralmente oferecem três opções: a primeira conduz à guerra nuclear, a segunda, à rendição incondicional, e a terceira é aquela que eles querem que você escolha.

Para chegar à decisão que procura, tenha em mente que você tem convivido com o assunto, e a plateia, não — ou pelo menos não com a mesma intensidade. Você precisa atrair as pessoas para o assunto antes que possa persuadi-las de alguma coisa. Lembre-se também de que você geralmente está competindo com outras recomendações por recursos finitos. Você precisa ser mais convincente e apresentar razões mais persuasivas.

Eis alguns princípios para uma argumentação convincente:

1. Pense no que você está escrevendo como uma venda, não como uma apresentação

Não basta expor suas opiniões. Você precisa reunir lógica e paixão por trás dos fatos. Anteveja as restrições de seu alvo e encare-as de frente. Infunda a confiança de que você pensou arduamente a respeito de possíveis riscos e está preparado

KENNETH ROMAN E JOEL RAPHAELSON | 163

para contorná-los e conduzir o empreendimento de maneira segura e bem-sucedida.

Isso começa com o título, o qual deve prometer um benefício. Por que o que você está escrevendo merece o tempo e a atenção do leitor?

2. Diga às pessoas qual caminho está seguindo

O primeiro parágrafo deve determinar tanto o assunto *quanto* a abrangência deste. A estratégia para a campanha bem-sucedida de Harry Truman à presidência em 1948, detalhada em um memorando de 43 páginas, começava com o seguinte parágrafo:

> *O propósito deste memorando é delinear um curso de conduta política para o Governo que se estende de novembro de 1947 a novembro de 1948. A premissa básica deste memorando — o Partido Democrata ser uma aliança infeliz de conservadores sulistas, progressistas do Oeste e trabalhistas da Cidade Grande — é muito estereotipada, mas também muito verdadeira. E é igualmente verdade que o sucesso ou fracasso da liderança democrata pode ser avaliado com precisão por sua capacidade de liderar um número suficiente de membros desses três grupos desarmônicos em direção às urnas na primeira terça-feira depois da primeira segunda-feira de novembro de 1948.*

O fato de você enfatizar a direção que está seguindo frequentemente faz com que as pessoas se lembrem de onde você partiu. As recomendações persuasivas em geral incluem uma seção sobre os antecedentes da situação — decisões anteriores ou informações familiares nas quais essa recomendação se encaixe.

164 | A ESCRITA DOS LÍDERES

Se tiver feito um trabalho extremamente meticuloso até chegar à sua recomendação, vale a pena explicar, com clareza, os elementos básicos que o conduziram até ela. Para convencer o conselho diretor do Jardim Botânico de Nova York de que suas recomendações tinham uma base sólida, uma empresa de consultoria de gestão resumiu suas atividades diversificadas da seguinte maneira:

> *Revisões com a equipe dos principais programas e funções; análise de documentos financeiros; entrevistas com membros do Conselho; visitas a três outros jardins botânicos; comparação da estrutura e atividades de angariação de fundos do Conselho com as de outras instituições comparáveis de Nova York; entrevistas preliminares com fundações, corporações e altos funcionários do governo para avaliar a perspectiva de um futuro financiamento.*

Essas informações básicas, demonstrando que tudo tinha sido verificado, prepararam o público para responder de maneira favorável às constatações, conclusões e recomendações de amplas consequências do relatório.

No caso de longas recomendações, é proveitoso começar com um resumo executivo. Inclua todos os pontos principais, usando uma ou duas frases para cada um. Deixe que o documento completo preencha os detalhes.

3. Conduza as pessoas por meio de títulos

Fica mais fácil para o público seguir a sequência de ideias se você usar títulos numerados ou com marcadores.

Uma recomendação para uma propaganda na televisão intitulou claramente cada seção:

POR QUE A TELEVISÃO? Porque é um meio de comunicação inteligente

- *Proporciona o impacto adicional necessário*
- *Prolonga a campanha impressa de pessoa para pessoa*

O QUE NOSSA PESQUISA MOSTROU? Revisão de objetivos e metodologia

- *Constatações da televisão — a qualidade foi fundamental*
- *A televisão modificou a opinião dos entrevistados*
- *A televisão demonstrou vantagens exclusivas com relação ao material impresso*

QUAL É NOSSA RECOMENDAÇÃO CRIATIVA?

- *Metas na televisão*

Os títulos ajudam a colocar os argumentos no contexto da soma de suas recomendações.

4. Não enrole em suas recomendações

Você está fazendo uma recomendação, não contando uma história com um final inesperado. As pessoas ocupadas não têm vontade de adivinhar seu objetivo principal, por isso deve ir direto ao assunto, de maneira rápida e clara.

Propomos que um novo programa ambiental seja lançado dentro de seis meses.

166 | A ESCRITA DOS LÍDERES

A comissão recomenda uma nova estrutura organizacional que foque mais nos clientes e nos mercados.

A maioria das recomendações envolve certo grau de ansiedade e preocupação — um investimento novo e dispendioso, ou um dilema difícil. Adiar as más notícias não ajuda. Relate-as sem demora e, em seguida, exponha razões específicas que respaldem suas recomendações. O fundamento lógico destas últimas é a essência de sua argumentação. Quais são as evidências?

A Ogilvy & Mather recomendou uma campanha dispendiosa com grandes anúncios de jornais compostos principalmente de texto. Já prevendo uma provável objeção dos clientes de que "ninguém lê um texto de anúncio longo", a recomendação citou diversos casos de anúncios com centenas, até mesmo milhares de palavras que tinham produzido resultados incríveis:

- *Um único anúncio da British Travel Authority com mais de mil palavras obteve 25 mil respostas. A BritRail, uma das principais colaboradoras, informou que o resultado foi "seu melhor ano de vendas nos Estados Unidos".*
- *Uma campanha* all-type* *para a International Paper atraiu mil cartas diárias comentando a propaganda ou solicitando cópias.*
- *No caso da Cunard, um anúncio com 26 parágrafos de informações pagou quatro vezes seu custo em vendas diretas.*

---

*Termo usado em publicidade. Anúncio de jornal ou revista, outdoor ou qualquer outro tipo de material impresso apenas com frases escritas, sem nenhum tipo de ilustração. *(N. da T.)*

Os detalhes são convincentes, mas precisam ser relevantes e causar impacto — cada um deles. Uma cadeia de detalhes é tão forte quanto seu elo mais fraco; e o elo fraco atrairá a atenção dos críticos na plateia (e distrairá a atenção de quem está favorável).

É sensato antever perguntas que provavelmente serão feitas. No entanto, às vezes uma pergunta que poderá parecer devastadora não atinge o "x" da questão. Nesses casos, reformule-a. A pergunta que a Ogilvy & Mather anteviu foi "Alguém lê um texto longo?". A recomendação a reformulou para que a resposta revelasse o que a pessoa que fez a pergunta realmente precisava saber: "Textos longos *vendem*?".

5. Enfatize os benefícios de sua recomendação

É preciso que haja um benefício em um período razoável para que sua recomendação seja aceita e colocada em prática. Um consultor de gestão enfatizou as seguintes metas:

Alcançar uma vantagem competitiva sustentável no custo, na tecnologia e na qualidade de sistemas.

Obter um retorno apropriado sobre o investimento

Manter os níveis mais elevados de satisfação do cliente.

Melhorar a utilização das pessoas indispensáveis.

A recomendação prosseguiu mostrando como esses objetivos seriam alcançados. Nunca deixe de responder à principal pergunta do público, mesmo que ninguém pronuncie: *"O que eu tenho a ganhar?"*

Propostas que conseguem doações

As fundações e os órgãos do governo que fazem doações têm um triste dilema: ter que dizer "não" com muito mais frequência do que dizem "sim". A quantia solicitada para causas meritórias é muito maior do que o dinheiro que está disponível. Quer você esteja fazendo um requerimento para um órgão federal, quer defendendo seus argumentos para uma fundação, é possível sobressair. E acredite: isso será necessário.

Falar a respeito dos resultados mensuráveis de um programa demonstra competência profissional e faz com que sua proposta se destaque. Eis alguns outros princípios:

1. Vá direto ao ponto — e depressa

"Conheço o dirigente de uma importante fundação que diz que fica tentado a descartar qualquer proposta que não diga *de imediato* — no primeiro ou segundo parágrafo — quanto dinheiro está sendo solicitado e para que finalidade", declara um arrecadador de recursos profissional.

Nem todo dirigente é tão rigoroso quanto esse, e tampouco a orientação de dizer tudo no primeiro ou no segundo parágrafo deve ser levada ao pé da letra. Porém, quanto mais cedo você fornecer essas informações, melhor.

2. Mostre como seu projeto atende às necessidades deles

A maioria das fontes de financiamento publicam as metas e os critérios com base nos quais elas tomam suas decisões. O primeiro parágrafo deve mostrar que você está ciente desses critérios e de como seu projeto se encaixa neles. Eis o primeiro parágrafo de uma proposta da National Organization on Disability para uma fundação que orienta os fundos para o apoio de programas comunitários:

> *O Programa de Parceria Comunitária é o principal programa da NOD, ajudando uma rede de 4.500 comunidades em todo os Estados Unidos. Essa rede voluntária reúne cidadãos com e sem deficiências em muitas atividades que desenvolvem as comunidades. Acreditamos que o povo norte-americano tem a criatividade e a iniciativa necessárias para abordar diretamente as questões de incapacidade no nível mais fundamental.*

Seja realista em relação ao que deseja realizar. É melhor identificar um único problema específico que possa resolver efetivamente do que dar a impressão de que está tentando curar todos os males da sociedade.

Independentemente do resultado que prometer alcançar, sua credibilidade pessoal é importante. Há quanto tempo você trabalha no setor? Qual é seu histórico? Não basta estabelecer a importância do projeto. Você precisa convencer o leitor de que é capaz de cumprir o que promete.

170 | A ESCRITA DOS LÍDERES

3. Organize-se para persuadir

Muitas propostas tornam a vida mais simples para o tomador de decisões — é fácil rejeitá-las, porque seus autores não organizam o conteúdo de maneira persuasiva. É comum, a proposta conter uma série de pontos, com frequência numerados para conferir ao texto uma aparência de estrutura — mas não relaciona os pontos uns com os outros nem os reúne para defender os argumentos apresentados. As alegações não são respaldadas por evidências. Os fatos, embora isoladamente magníficos, não dizem respeito ao argumento.

A organização de um conteúdo para uma argumentação convincente requer lógica, exatidão minuciosa e disciplina. Não raro, essa é a parte mais difícil da redação e atormenta qualquer pessoa empenhada em escrever algum tipo de argumentação. Muitas das mudanças no rascunho deste livro resultaram do empenho em associar os exemplos aos argumentos que eles ilustram. Vimo-nos obrigados a descartar bons textos que não eram suficientemente relevantes.

Tudo relevante, nada extrínseco — essa deve ser a meta ao redigir sua proposta. Na medida em que você for bem-sucedido nisso, sua proposta se erguerá acima da de seu concorrente àquela quantia excessivamente limitada.

4. Demonstre a urgência do que está pedindo

A ideia que precisa ser transmitida é que o projeto poderá não acontecer caso não haja financiamento. "Você pode fazer a diferença" é uma maneira de conseguir um "sim".

A introdução de uma proposta pela National Academy Foundation identificou a necessidade urgente de uma força de trabalho instruída para participar do avanço da economia dos Estados Unidos em um mercado cada vez mais globalizado.

Uma análise de recentes constatações educacionais revela que estamos longe de desenvolver essa força de trabalho ou até mesmo uma força que esteja em condições de igualdade com as de outras nações industrializadas. Descobrimos, por exemplo, que as crianças norte-americanas em idade escolar se classificam tipicamente na parte inferior das comparações internacionais de matemática e ciências, e que a maioria dos estudantes que se inscrevem nos programas de doutorado de matemática e engenharia nas universidades norte-americanas é proveniente de países estrangeiros.

No caso de programas permanentes, é importante apresentar um plano que garanta algum tipo de apoio que continue depois que a doação expire, para que o programa não se extinga.

5. Aprimore seu produto

Embora uma proposta bem-escrita seja importante, o que realmente conta é um programa forte e viável. Os candidatos a doações estão nos oferecendo uma *oportunidade*, afirma Karen Rosa, da Altman Foundation. "Queremos saber quem são, o que eles fazem e, no caso de pedidos de renovação, se fizeram o que disseram que iam fazer."

Uma proposta do Brooklyn Youth Chorus obtém uma pontuação elevada porque descreve um programa cuidadosamente concebido e capta a essência do coro por meio de estatísticas impressionantes e fotos animadoras das

172 | A ESCRITA DOS LÍDERES

crianças. A carta explicativa irradia realização, e depois passa a explicar com detalhes como esse grupo bem-sucedido está se esforçando para se tornar cada vez melhor.

A turnê russa foi uma experiência absolutamente incrível para os coristas, e agora estamos começando a nossa temporada com uma abundância de apresentações programadas. Estou particularmente animado com relação à nossa colaboração com a Sinfonia de Montreal conduzida por Charles Dutoit, que terá lugar no dia 17 de outubro no Carnegie Hall. O Festival do Brooklyn Youth Chorus de 2000 também promete ser um grande evento.

O Chorus continuou a crescer de muitas maneiras durante o exercício financeiro de 1999. Concluímos nosso plano estratégico, aumentamos o número de inscrições, contratamos um especialista de voz para crianças e um regente adjunto, iniciamos aulas vocais e instrumentais particulares e abrimos uma nova divisão de coro aos sábados.

Ao longo do próximo ano, vamos continuar a expandir as matrículas, iniciar o novo Coro Intermediário, apresentar nosso Festival, apoiar outros coros por meio de nosso programa de parceria e realizar uma série de seminários para treinamento de professores.

Qual a importância da qualidade da redação? É muito grande, segundo Rosa, em particular nos requerimentos dos programas educacionais. "As propostas repletas de erros de gramática e de ortografia me deixam enlouquecida. Como podemos nos sentir seguros com relação à sua capacidade de ensinar crianças se você não é capaz de escrever corretamente?" No entanto, conclui ela, mais tempo deve ser dedicado à melhora do produto do que ao aprimoramento da proposta.

6. A proposta não precisa ser maçante

Uma proposta bem-sucedida, do South-North News Service, para o financiamento de um jornal de assuntos internacionais e um guia de professores para escolas secundárias norte-americanas começou com uma imagem cativante.

Ah, ter 14 anos.

Os rígidos antagonismos da Guerra Fria estão desmoronando. A estrutura do poder branco da África do Sul está se deparando com a realidade.

Mas cada vez mais pesquisas revelam que nem os jovens de 14 anos nem seus professores são capazes de encontrar o Vietnã ou o Brasil no mapa, diferenciar Tel Aviv do Cairo ou identificar o oceano Índico ou a Antártica.

Adicione detalhes pitorescos em sua proposta, como esta, bem-sucedida, do Museu Hood na Dartmouth College para uma grande exibição, "A Era do Maravilhoso":

Durante os séculos XVI e XVII, a cultura europeia foi marcada por um intenso fascínio pelo Maravilhoso e pelas coisas ou eventos que eram fora do comum, inesperados, exóticos, extraordinários ou raros.

O primeiro requisito é ser lido.

9. Como pedir dinheiro: cartas de vendas e de angariação de fundos

Você pode reclamar o quanto quiser do volume de sua correspondência em casa, composta por catálogos, prospectos ou cartas pedindo dinheiro para algum produto, serviço ou obra de caridade. É pouco provável que esse volume venha a diminuir enquanto houver evidência de que o marketing direto funciona. As pessoas de fato respondem, mas só ao apelo correto. O extraordinário crescimento da mala direta foi desencadeado pelos modelos sofisticados de computador, pela melhoria dos alvos das listas de mala direta, pelos cartões de crédito, pelos números de telefone 0800 e também pelas mudanças nos estilos de vida e nos hábitos de compras. Hoje em dia, a internet está gerando abordagens de venda por e-mail (algumas não solicitadas, outras solicitadas pelos clientes) mais rápidas, mais baratas e que frequentemente obtêm uma resposta melhor do que as que são enviadas pelo correio. Podemos dizer que isso é a mala direta otimizada.

Embora as mudanças na tecnologia tenham sido responsáveis por grande parte dessa revolução, o que não mudou é o que dizemos para as pessoas (ou a maneira como dizemos) para levá-las a responder e a enviar dinheiro. Pesquisas mostram que muitas abordagens usam técnicas que já existem desde a década de 1930 — os mesmos elementos básicos (carta, prospecto, cartão de resposta), o mesmo tipo de oferta (alguma coisa de graça ou um desconto), a opção de pagar depois, longas cartas até para pessoas que supostamente não têm tempo para ler.

Os princípios recuam ainda mais — para o Grande Bazar na antiga Turquia, conforme sugere o guru do marketing direto britânico, Daryton Bird. Ele traça uma analogia com a mídia contemporânea:

> Por que tantos anunciantes têm uma atuação ineficaz na internet? Porque eles acham que estão lidando com um veículo de publicidade, mas não estão. A internet é um canal de marketing; um veículo de marketing **direto**. Todas as transações na internet são diretas.

Assim como o Bazar turco ("eles não só mostram; eles *vendem*"), o marketing direito é um veículo de varejo. E quase todas as técnicas que os profissionais do marketing direto usam, afirma Bird, funcionam tão bem — ou melhor — quanto na internet.

Vale a pena testar

Livros inteiros foram escritos a respeito de cartas de vendas e cartas para angariação de fundos, identificando dezenas

176 | A ESCRITA DOS LÍDERES

de princípios empregados pelos especialistas. Só existe um que você não pode jamais deixar de considerar: *o teste*.

Muitas coisas que você acha que sabe, como "Ninguém vai ler um texto tão longo", frequentemente se revelam falsas quando são testadas. Apelos emocionais que você tem certeza de que obterão respostas com frequência deixam de obtê-las. Se tiver alguma coisa que está funcionando, tome cuidado com relação a mudar qualquer elemento sem antes fazer um teste. Muitas vezes, até mesmo profissionais experientes se surpreendem com o que acaba se revelando o elemento crucial.

Algumas organizações se deixam levar pelos instintos e ficam sem saber o que está funcionando e o que não está. Elas raramente extraem o valor total de seus esforços. Não tiram proveito da possibilidade de saber o que foi *responsável* pelo êxito do marketing direto.

O leitor responde diretamente o autor do texto ou à organização; você conta o dinheiro que entra e sabe como se saiu. É comum descobrir que um tipo de envio produzirá muitas vezes a resposta de outro pelo mesmo produto. Vale a pena testar se você planeja enviar a mala direta para um número substancial de pessoas ou se pretende enviá-la mais de uma vez.

O teste não é apenas para as grandes organizações. Você encontrará técnicas para testes simples de baixo custo em muitos livros sobre marketing direto (sugerimos um no último capítulo deste livro). Se não puder testar, tire proveito dos testes de outras pessoas. Quando recebe repetidamente o mesmo tipo de correspondência, ano após ano, pode ficar razoavelmente seguro de que ela foi aprovada nos testes. Examine-a.

Não suponha nada. E prepare-se para ser surpreendido. Determinados meses (ou até mesmo certas semanas ou dias) são mais produtivos do que outros. Às vezes, um preço mais elevado gerará mais respostas do que um preço mais baixo. As pessoas responderão repetidamente à mesma propaganda — não mude apenas por mudar. Longos textos às vezes obtêm um resultado melhor do que os breves.

Importante — teste apenas uma mudança de cada vez. Se testar várias, não saberá qual delas foi proveitosa (e em que grau).

O conceito do "verdadeiro valor"

Os resultados que você obtém a partir dos testes conduzem a outro princípio: *calcule quanto vale um cliente.*

Se você espera que as pessoas enviem dinheiro apenas uma vez, o cálculo é fácil. Você receberá dinheiro suficiente para cobrir o custo da postagem mais o custo da mercadoria — e ainda terá lucro? Se a resposta for sim, vá em frente. Se não, recomece.

Quase todas as malas diretas estão incluídas em uma categoria diferente — elas vão para pessoas que poderão comprar mais de uma vez:

- *Clientes que você pode esperar que farão novos pedidos — ou cuja satisfação com um de seus produtos poderá levá-los a comprar outros.*
- *Assinantes — de revistas, clubes de livros, clubes de discos, clubes de arte — que poderão renovar as assinaturas ou fazer novos pedidos.*
- *Pessoas que fazem doações para escolas, hospitais, alguma instituição beneficente ou causa local que poderão fazer novas doações em anos futuros.*

178 | A ESCRITA DOS LÍDERES

No caso desse tipo de cliente, você pode investir bastante na remessa inicial — mesmo que ela dê prejuízo na primeira vez, o que acontece com frequência. Esse é o conceito do "verdadeiro valor" — o que um cliente vale ao longo do tempo.

A Cruz Vermelha de Nova York descobriu que valia a pena enviar às pessoas que doavam pela primeira vez um manual gratuito de primeiros socorros para convertê-las em doadoras constantes. Foi constatado que elas passavam a doar em quatro dos sete anos seguintes e aumentavam as doações em 20%.

Para decidir quanto você deve investir em cada possível cliente, precisa saber quanto, em última análise, cada um deles vale. Não raro terá que fazer uma estimativa e algumas suposições. Embora não se trate de uma ciência exata, é uma conta simples.

O que funciona melhor nas cartas de vendas

Os especialistas em mala direta podem citar muitos princípios a respeito do que funciona melhor nas cartas de vendas. Dois desses, invariavelmente, vêm em primeiro lugar.

Certifique-se de que a oferta está correta

O redator profissional das cartas de mala direta trabalha primeiro no cupom, não na carta. Qual é a oferta? Como ela deve ser apresentada? Quais são os termos?

É a oferta que obtém resultados — sobretudo quando as diferenças dos produtos são pequenas ou de curta duração. Ao longo dos anos, a propaganda enviada pelos correios

KENNETH ROMAN E JOEL RAPHAELSON | 179

vem oferecendo preços reduzidos, bônus, benefícios por
a pessoa ser um dos primeiros a fazer a assinatura, testes
gratuitos ou uma combinação dessas coisas.

*A milhagem das companhias aéreas é a moeda corrente de muitas
ofertas atuais. Ela é acumulada por milhões de passageiros, que
consideram seu valor elevado. Os agentes de descontos costumavam competir no preço, mas as guerras de preço na categoria
acabaram. "Crie uma conta E*TRADE", diz uma carta do agente
on-line, "e receba um bônus no ato da inscrição de até 10 mil
milhas de Cliente Especial"*

Você pode ficar bem impressionado com a maneira como algo
grátis, por menor que seja, pode aumentar o poder de uma carta
de vendas. Um primeiro exemplar gratuito, um certificado de
associação, um broche grátis, testes grátis. Até um simples
panfleto, um que você talvez já tenha mandado imprimir por
outro motivo, pode ser uma oferta grátis, eficaz — e barata.

Pequenas mudanças em uma oferta, ou até mesmo na
maneira como ela é apresentada, podem fazer uma diferença enorme na resposta. Mesmo que você não teste mais
nada, teste sua oferta.

"Estrelas, sublinhados, o P.S. — nada disso afeta muito
os resultados", afirma Howard Draft, presidente do conselho
administrativo da Draft Worldwide. "O que impulsiona os
negócios é a grande ideia, a grande oferta."

Comece rápido — na primeira frase

Até os redatores experientes têm dificuldade em escrever
corretamente a primeira frase. E. B. White não ficou satis-
feito com o primeiro rascunho de *A menina e o porquinho*,
especialmente a abertura, e trabalhou nele durante mais

180 | A ESCRITA DOS LÍDERES

de um ano. Ele tentou começar com o porquinho Wilbur, a aranha Charlotte e o estábulo de Zuckerman antes de se decidir por esta instigante primeira frase:

"Aonde Papa está indo com aquele machado?", perguntou Fern à mãe, quando estavam arrumando a mesa para o café da manhã.

Os redatores de mala direta não têm um ano para refletir e revisar o que escrevem, mas se esforçam ao máximo para que a introdução seja a melhor possível. Grande parte da mala direta é lida sobre uma cesta de lixo, de modo que você tem que ir rápido ao assunto. Eis como uma carta realmente começou. Adivinhe o que ela está vendendo (difícil ou até mesmo impossível) e o que é provável que vá acontecer com ela (fácil).

Caro amigo,

Recebo, assim como você sem dúvida recebe, uma quantidade considerável de cartas pedindo atenção e dinheiro. Todas, como comento com frequência, trazem um número excessivo de parágrafos com informações que já sei ou não se preciso saber. Os maravilhosos erros de computador no Comitê Nacional Republicano à parte, tento ler e responder da maneira apropriada. Não obstante, anseio por brevidade. Certo de que você compartilha esse anseio, serei breve

Compare o que acaba de ler com a introdução da seguinte carta, que foi enviada durante anos e, em teste após teste, sobrepujou todas as alternativas:

Com toda a franqueza, o cartão American Express não é para todo mundo. E nem todo mundo que o solicita é aprovado.

O que os especialistas fazem

Eis algumas práticas seguidas pelos profissionais da mala direta:

1. Faça com que as pessoas abram o envelope

Diga sempre alguma coisa no envelope; é o que os prováveis compradores veem primeiro. Provoque-os. Dê uma pista da oferta. Mencione um presente que esteja lá dentro — ou prometa informações valiosas.

INFORMAÇÃO EM PRIMEIRA MÃO

ABRA ASSIM QUE RECEBER

MATERIAL COM DATA DE VENCIMENTO

TEMOS UM PRESENTE PARA VOCÊ

RECEBA QUATRO EXEMPLARES DE GRAÇA

7,8% DE JUROS CONTÍNUOS (não é uma oferta introdutória)

2. Encontre o público, depois a mensagem

Uma carta de venda é um anúncio entregue pelo correio. A propaganda bem-sucedida começa com uma estratégia convincente; as estratégias não começam com *o que* dizer, mas para quem — *o alvo*. É bastante humano querer agradar a todos. Um comercial no rádio começava assim: "Olá, rapazes! E isso também inclui vocês, meninas!" Resista a essa tentação.

Procure formar uma imagem realista dos prováveis compradores — idade e renda, estilo de vida e atitudes,

182 | A ESCRITA DOS LÍDERES

os produtos que usam. Em seguida, determine o benefício mais importante que o produto ou serviço oferece. A maioria tem vários, mas um precisa ser mais importante para os prováveis compradores do que os outros. A essência de uma estratégia bem-sucedida é o sacrifício; subestime os benefícios menos importantes para se concentrar naquele com o maior poder de venda.

3. Prefira as cartas longas às breves

A maioria dos amadores parte do princípio de que as pessoas lerão, no máximo, uma ou duas páginas. O fato é que as cartas longas geralmente obtêm resposta melhor do que as curtas — você deve:

- *Captar a atenção do leitor desde o início*
- *Encher a carta de fatos relevantes*
- *Ter uma oferta atrativa*

Examine as cartas que você recebe. Quantas têm apenas uma página e quantas têm várias — incluindo diversos trechos informativos?

Uma das maiores e mais bem-sucedidas empresas de marketing direto, a Publishers Clearing House, envia um pacote com seis anexos e uma carta com quase mil palavras. Você está pedindo aos leitores que façam um investimento — em tempo, dinheiro, ou ambos — e precisa convencê-los de que o que está vendendo tem valor.

4. Torne a leitura convidativa

As pessoas não lerão cartas que pareçam descomunais, com longos blocos de texto.

Use recursos visuais — como este parágrafo recuado — para fazer com que sua carta pareça convidativa, interessante e fácil de ser lida. Títulos (como o "Torne a leitura convidativa" anterior) e notas escritas à mão também funcionam.

Pense além dos envelopes convencionais e dos tamanhos-padrão de papel. As cartas mais eficazes em geral têm tamanho, forma ou cor incomuns. Mas tenha em mente que as cartas devem parecer cartas, não anúncios. Os cupons devem ter a aparência de cupons (ou dinheiro), e os certificados devem parecer diplomas de faculdade ou valores mobiliários de alta qualidade.

Os cupons e certificados são convenções que os leitores entendem de imediato. Dar-lhes uma aparência diferente, ser diferente, é contraproducente.

5. Não deixe o leitor livre

As pessoas procrastinam. Você precisa criar uma razão para que o provável comprador aja imediatamente.

Danny Newman, o mais bem-sucedido vendedor norte-americano de assinaturas para as temporadas teatrais e de concertos, cria todas as cartas a partir de uma única instrução: ASSINE AGORA.

O P.S. é uma das partes mais lidas de qualquer carta. Use-o para lembrar o leitor de algum detalhe importante, repetir

184 | A ESCRITA DOS LÍDERES

a oferta, criar um sentimento de urgência com prazo final ou uma vantagem especial. A *Amazon.com* introduziu seu novo serviço de leilão on-line em uma carta com a seguinte nota de encerramento:

> *P.S. Trabalhamos arduamente durante muitos meses para levar até você os Leilões da Amazon.com e estamos muito orgulhosos disso. Na qualidade de cliente da Amazon.com, você está pré-registrado tanto para comprar quanto para vender. Creio que ficará surpreso ao constatar como é fácil fazer isso. Por um breve período, teremos uma promoção na qual as pessoas que comprarem pela primeira vez receberão um vale-presente de US$10 da Amazon.com. Venha dar uma olhada em www.amazon.com — basta clicar na aba Leilões.*

P.S. Mesmo que o P.S. não afete "tanto assim" os resultados, um pequeno efeito pode valer a pena. E o P.S. não aumenta nem um centavo o custo de postagem.

O que funciona melhor nas cartas de angariação de fundos

No mundo da angariação política de fundos pelo correio, dois mestres reconhecidos são Richard Viguerie e Roger Craver, um conservador e um liberal. Craver discorda de Viguerie em todas as questões, conforme observa o *New York Times*, "exceto quando se trata de escrever uma carta".

"A carta precisa estar repleta de ideias e paixão", afirma Craver. "Ela não faz uso de rodeios, não é acadêmica, não é objetiva. A coisa mais difícil é conseguir que o envelope seja aberto. A segunda coisa mais difícil é fazer com que a pessoa leia a carta."

Uma carta de Craver a favor do controle de armas tinha a seguinte mensagem no envelope:

INCLUSO: Sua primeira chance de mandar a National Rifle Association para o inferno!

A carta começava assim:

Prezada vítima potencial de uma arma

Para angariar fundos para causas beneficentes, educacionais ou políticas, você precisa apelar para as emoções. As pessoas podem ter fortes sentimentos a respeito das causas representadas por um fundo comunitário, a respeito de um candidato político, de uma instituição religiosa. Elas querem doar. No entanto, é comum as recém-chegadas do setor de angariação de fundos hesitarem em pedir dinheiro.

As pessoas que já doaram alguma vez são a melhor fonte de fundos. Muitas pesquisas revelaram que a maioria das pessoas que doa no primeiro ano renova a doação no segundo, e um percentual ainda maior de doadores mantidos a partir do segundo ano renovará a doação em cada ano subsequente. Não raro, esses doadores aumentam as doações. Eles podem participar de programas de doações futuras, e até mesmo ajudarão a conseguir novos doadores trabalhando como voluntários.

Esses fatos estão no âmago da angariação de fundos por mala direta.

Eles conduzem a duas conclusões principais:

Vale a pena investir para conseguir novos doadores.
Vale a pena investir em formar um relacionamento com os doadores.

186 | A ESCRITA DOS LÍDERES

Os riscos são claros. As organizações sem fins lucrativos dependem cada vez mais do apoio privado para sobreviver, e a mala direta é uma fonte crucial de fundos para as instituições beneficentes.

1. Diga obrigado, depois por favor

Os doadores são adeptos, e os adeptos doam. Você pode procurá-los seguindo uma programação regular ou em emergências. Escreva-lhes regularmente e mantenha-os informados a respeito da organização e de suas atividades. Faça com que se tornem membros, não apenas doadores. Envie certificados de afiliação e broches. Depois, na ocasião de renovar seu apoio, eles só precisam de um lembrete quase sem custo para instigar a generosidade e a lealdade à causa.

Nesse caso, os presentes — até mesmo os simbólicos — também contribuem para a eficácia da correspondência.

Escreva para agradecer. Obrigado, *você está disposto a doar outra vez?*

Uma carta de angariação de fundos bem-sucedida do diretor-geral da Ópera Lírica de Chicago começou agradecendo aos doadores tudo o que eles tinham feito pela companhia no ano anterior. O primeiro parágrafo terminou da seguinte maneira: "Fiz questão de dizer 'Obrigado' antes de dizer 'Por Favor'."

2. Diga ao provável doador a quantia que você deseja

O leitor não sabe quanto dinheiro você está esperando. Cabe a você sugerir o tamanho da contribuição.

KENNETH ROMAN E JOEL RAPHAELSON | 187

A Upward Inc., um programa extracurricular sediado em Nova York, fez o seguinte apelo bem-sucedido:

> *Eis uma ideia de um presente para as Festas: que tal doar um computador para uma criança no Harlem (que custa cerca de US$800)? A Upward Inc. precisa de algumas pessoas como você para reconstruir seu centro de computação destinado a levar as crianças das áreas pobres do centro da cidade em um caminho "ascendente"* na vida.*

Ao mesmo tempo, você não quer desencorajar doações menores. A carta da Upward Inc. prosseguiu sugerindo uma contribuição em torno de pelo menos US$300, que é o preço de um monitor.

Pode ser eficaz dizer aos leitores quanto custam os diferentes serviços, para que eles possam escolher um nível de doação. Outra carta da Ópera Lírica dá um toque elegante nessa abordagem em um bilhete para Papai Noel:

> *Querido Papai Noel,*
>
> *Seria maravilhoso se você pudesse deixar um cheque de US$8 milhões na minha meia este ano — mas eu sei que pedir isso é um pouco demais. Vou então relacionar algumas das coisas que realmente precisamos, e talvez você possa nos ajudar.*
>
> *Turnê dos bastidores das crianças (US$7.500)*
> *Matinê para pessoas idosas (US$15 mil)*
> *Passagem aérea para trazer artistas de Nova York (US$325 cada)*

---

*A palavra está entre aspas porque ascendente em inglês é "upward", o nome do programa. (N. da T.)

188 | A ESCRITA DOS LÍDERES

Sapatos de balé (US$75 cada)
Perucas e maquiagem para o coro de Mefistófeles
(US$5.500)
Folhas para redecorar a árvore em Elixir do Amor
(US$550)
Aluguel de teclado para efeitos sonoros (US$3.607)
Programas educacionais para jovens (US$15 mil)

Se eu relacionasse tudo o que a Ópera Lírica precisa ou o dinheiro necessário para financiá-la, esta carta se estenderia por muitas páginas — de modo que selecionei apenas alguns itens que estão na minha cabeça com a aproximação das Festas.

3. Faça um apelo pessoal

As pessoas preferem doar para outras pessoas a doar para instituições impessoais. Alan Reich fundou e dirige a National Organization on Disability em sua cadeira de rodas. Ele escreve para um amigo:

Na última vez em que estivemos juntos, falamos a respeito de um projeto de grande importância para pessoas portadoras de deficiências. É a adição de uma estátua do presidente Roosevelt em sua cadeira de rodas no FDR Memorial. O Congresso aprovou uma lei determinando que a estátua seja feita. A lei também requer que os US$1,65 milhão sejam angariados no setor privado, e a NOD assumiu esse desafio.

Estou escrevendo para solicitar sua ajuda, porque considero você e o presidente Roosevelt pessoas com interesses iguais aos meus, pelo menos no triunfo sobre a deficiência.

Sua carta deve informar aos leitores o que está acontecendo, o trabalho que sua instituição está fazendo e por que ele é importante. Descreva as coisas que você não pode fazer — a não ser que eles façam uma doação. Não deixe que suponham que o empenho alcançará êxito quer eles doem, quer não. Isso acrescenta urgência ao apelo.

Se não recebermos uma resposta sua de imediato, talvez sejamos forçados a fechar os prédios do Morgan Memorial.

A Abadia de Westminster está desmoronando. Se isso não o comover, pare de ler agora.

Não se esqueça de dizer às pessoas que você gasta muito pouco com a administração. Garanta-lhes que está falando sério quando afirma que nenhuma contribuição é pequena demais. Qualquer quantia é bem-vinda.

Ninguém gosta de uma caixa de correio cheia de correspondências indesejadas. No entanto, a correspondência indesejada de uma pessoa é a paixão de outra. Susan adora receber catálogos de jardinagem. George ama receber livros de culinária. O junk mail é a correspondência inapropriada — porque é dirigida à pessoa errada, na hora errada ou tem o tom errado.

A mala direta já foi "bastante invasiva", reconhece Howard Draft. "Mas agora estamos tentando entender quais são as necessidades dos clientes e como criar uma abordagem convidativa."

190 | A ESCRITA DOS LÍDERES

As pessoas leem a mala direta e depois agem motivadas por ela, mas apenas se o produto, serviço ou causa for alguma coisa que querem ou na qual acreditam, e quando confiam na propaganda enviada. A coisa mais importante a se fazer para receber dinheiro pelo correio é convencer as pessoas de que elas podem confiar em você.

Seja nas palavras ou nas imagens, nunca exagere sobre o que você está oferecendo, o prazo em que vai entregar ou qualquer outro detalhe. Se, por alguma razão inesperada, não puder cumprir algo que prometeu, envie um cartão-postal dizendo isso; peça desculpas e explique o que vai fazer a respeito. A confiança que será gerada com certeza valerá o custo adicional.

10. Como lidar com o politicamente correto

"... Acredito na cortesia, o ritual por meio do qual evitamos magoar as outras pessoas para satisfazer nosso ego." É o que diz Kenneth Clark na conclusão de seu livro clássico, *Civilização*, acrescentando que com isso revela sua "verdadeira identidade, como uma pessoa quadrada, conservadora". Da mesma forma, um respeito antiquado pelos sentimentos dos outros se expandiu e se transformou no que é chamado nos discursos e nos textos, com frequência desdenhosamente, de "politicamente correto". É excessivamente fácil, contudo, ridicularizar a censura da linguagem politicamente correta, sempre vigilante para detectar qualquer palavra ou expressão que possa ofender qualquer pessoa. A sugestão, por exemplo, de que *Todos os homens do rei*, considerada duplamente sexista com "rei" e "homens", deveria, retroativamente, receber o novo título de *Todas as pessoas do monarca* merece as vaias e os gritos de que é alvo. E um pouco mais adiante nós mesmos vamos externar algumas vaias e gritos.

192 | A ESCRITA DOS LÍDERES

Não obstante, respeitamos o impulso subjacente do texto politicamente correto e o recomendamos. Ele é proveniente da sensibilidade aos sentimentos dos leitores. Ficar alerta ao poder das palavras de angustiar e enraivecer os outros é uma atitude sábia, e você também deve fazer o possível para não usar esse poder impulsivamente. Segundo a letra de uma famosa canção, "paus e pedras podem quebrar meus ossos, mas as palavras podem partir meu coração"*.

Bernard Shaw definiu um cavalheiro como a pessoa que "nunca insulta alguém involuntariamente". Nos textos comerciais, tentamos ser cavalheiros nesse sentido. Fazemos o esforço consciente de não insultar os outros — de não ofender ou aborrecer ninguém — involuntariamente e por acaso. Essa é uma boa prática de negócios e também uma boa conduta. Por que você iria querer exasperar o consumidor, seu cliente ou seu provável cliente?

De vez em quando, por um ou outro motivo, você poderá ter razão em usar uma palavra ou expressão que sabe que irá aborrecer alguém. Se o fizer, deve estar preparado para enfrentar as consequências.

Sensível — mas não demais

Gênero, raça, origem étnica, idade e identidade sexual são as áreas nas quais reside a maior parte das sensibilidades. Nossa política é ser sensível, mas não em exagero.

Os grupos minoritários frequentemente têm fortes sentimentos com relação às palavras usadas para fazer referência

---

*"Sticks and stones can break my bones, but words can break my heart." (N. do E.)

a eles. A palavra "preto" é considerada ofensiva. "De cor" foi o termo educado durante décadas. Depois, foi substituído por "negro", e agora se usa também "afrodescendente". A palavra "preto" se tornou alvo de escárnio entre os comediantes negros. Se as preferências mudarem de modo, e daí? Simplesmente use o que for a preferência atual do grupo em questão — que você deve se dar ao trabalho de descobrir qual é. As minorias já sofrem bastante sem serem rotuladas com termos que consideram ofensivos, independentemente do que o autor do texto possa pensar a respeito das preferências ou das razões delas.

Você não deve, contudo, se sentir obrigado a esmiuçar profundamente todas as palavras do vocabulário em busca de possíveis conotações pejorativas. Há alguns anos, o Programa de Gerenciamento Multicultural da Escola de Jornalismo da Universidade do Missouri publicou uma lista de verificação de palavras com as quais os jornalistas deveriam tomar cuidado. A lista de quinze páginas continha mais de duzentos itens, entre eles:*

Aleijado	Gordo	Preto
Crioulo	Gringo	Sacanagem
Fresco	Nerd	Velho

Ao comentar esse "dicionário de palavras que devem ser evitadas", o falecido colunista Mike Royko escreveu que "a era do excesso de sensibilidade está me esmagando". No fim da coluna, contudo, Royko já tinha se recuperado em parte do esmagamento, e usou várias palavras da lista quando

---

*A lista foi adaptada ao contexto brasileiro. *(N. da T.)*

194 | A ESCRITA DOS LÍDERES

disse o seguinte: "Quando eu formar um time de beisebol, vou recrutar atletas sarados, não um bando de fracotes, nerds, frescos ou idiotas", e "Vou continuar a almoçar com meus amigos e examinar a conta para ter certeza de que o garçom não me sacaneou".

Em um editorial que deplora a proliferação dos grupos ofendidos, o *Wall Street Journal* disse o seguinte: "Hoje, infelizmente, criamos classes inteiras dos perpetuamente ressentidos com base na ideia de que se alguém se sente insultado, então uma imagem ou nome é, pelo próprio fato, ofensivo."

O que devemos pensar a respeito do triste caso do assistente do prefeito de Washington, D.C., que perdeu o emprego porque, ao discutir assuntos relacionados com o orçamento, usou a palavra *niggardly*? Ele a usou em seu significado correto — avarento, mesquinho —, que não tem nenhuma ligação, nem no uso generalizado, nem na lexicografia, com o termo ofensivo* para os afro-americanos dos Estados Unidos com o qual ele se parece. Não obstante, foi mal-interpretado. Ele considerou o fato de ter deixado de antever o mal-entendido, e o mal-estar que isso causou, como algo realmente horrível, que exigia sua renúncia. O prefeito concordou, e aceitou a demissão. Esse evento coloca em profunda oposição os padrões do que é politicamente correto e os da liberdade de expressão.

"Um discurso pode ser ao mesmo tempo politicamente correto e livre?", indaga o título de um recente artigo na coluna "Ethics Today" [A Ética Hoje] do *Financial Times*. "A

---

*Os autores estão se referindo à palavra "nigger", que, em inglês, é uma maneira extremamente ofensiva de se referir a uma pessoa de pele negra. Seria equivalente, no Brasil, a chamar alguém de "crioulo". *(N. da T.)*

linha que estamos tentando traçar é fugidia", escreve o colunista Joe Rogaly. Devemos "proibir a utilização pública de uma linguagem que fomente antipatia por outras pessoas, mas... também devemos deixar que todos digam o que pensam. É uma dessas coisas que nenhum de nós jamais fará corretamente. Quando em dúvida, sugiro a preferência pela liberdade de expressão".

Em princípio, concordamos com Rogaly e nos colocamos no lado da liberdade de expressão. Admiramos os autores, editores e figuras públicas que ficam de olho na primeira emenda à Constituição dos Estados Unidos e deploramos o destino absurdo do burocrata culto que se expressou corretamente, porém não livremente, ao dizer "niggardly". Nos textos comerciais, contudo, deslocaríamos a "linha fugidia" de Rogaly alguns centímetros na direção do que é simplesmente prático, encorajando-o a enfatizar bastante as prováveis consequências de sua escolha de palavras. Se você sabe que a palavra "preto", embora uma das definições do dicionário seja "indivíduo da raça negra",* provavelmente será mal-interpretada e causará raiva ou mágoa, o que há de errado em escrever "negro" no lugar dela?

Em outros capítulos, você encontrará listas do que fazer ou opiniões sólidas a respeito do que é bom e do que não é. Nas questões consideradas aqui, nenhuma orientação específica é desejável. Os aspectos sensíveis variam de público para público. Uma expressão ofensiva em determinado contexto será recebida tranquilamente em outro. Palavras que determinada pessoa pode escrever com segurança podem ser consideradas imprecações se mencionadas por

---

*Michaelis Moderno Dicionário da Língua Portuguesa. (N. da T.)

196 | A ESCRITA DOS LÍDERES

outra. Apenas faça o melhor para ter a mesma consideração pelos sentimentos alheios que você teria pessoalmente. Isso o colocará no caminho para alcançar os propósitos subjacentes do politicamente correto e ao mesmo tempo evitar os excessos.

11. Como elaborar um currículo — e conseguir uma entrevista

Nenhuma outra coisa que você redigir pode fazer tanta diferença em sua vida quanto o que escreve quando se candidata a um emprego. Você deve se candidatar *por escrito*. Quando telefona para um possível empregador, faz isso de acordo com sua conveniência. *Você* escolhe o momento no qual vai ligar, e a probabilidade de ele estar livre para conversar com você — ou até mesmo de estar interessado em fazer isso — é remota. Se deseja ser levado a sério, comunique-se por escrito.

O que você escreve é um currículo* e a carta que o acompanha. Alguns destes irão parar na cesta de lixo sem nem serem lidos, mas uma abordagem bem-redigida geralmente obtém resposta. A intenção é conseguir uma entrevista, e esse objetivo deve guiar suas ideias.

---

*Antigamente, usava-se a expressão curriculum vitae. No entanto, hoje em dia, usa-se a palavra currículo e, às vezes, curriculum. Curriculum vitae praticamente não é mais usado. (*N. da T.*)

198 | A ESCRITA DOS LÍDERES

O currículo é parte crucial do processo, *mas não vai conseguir o emprego para você*. As empresas não contratam currículos, elas contratam pessoas — e tomam essa decisão nas entrevistas. Então, por que o currículo é tão importante? É muito mais provável que um bom currículo — relevante, claro e conciso — conduza a uma entrevista do que um currículo medíocre. Isso é verdade, quer o currículo seja enviado pelo correio, quer pela internet.

Um bom currículo também o ajuda a se preparar melhor para uma possível entrevista. Muitos candidatos vão para a entrevista sem ter organizado suas ideias a respeito do tipo de cargo que desejam ou por que se consideram qualificados para a vaga oferecida. Quando as pessoas se apresentam em uma entrevista preparadas para justificar sua posição de maneira coerente, se destacam muito. Pense no currículo como um roteiro que organiza suas ideias para que, quando lhe fizerem uma pergunta, você não tropece e fique confuso procurando a resposta certa.

Antes de escrever qualquer coisa, pense a respeito do que você tem a oferecer e como essas qualificações e sua experiência podem ser apresentadas em função do que o emprego exige. Comece fazendo uma pesquisa de mercado (e de si mesmo).

- *Que tipos de qualificações e experiência são exigidas?*
- *O que você pode dizer que demonstre que fez certo esforço para se informar a respeito da empresa ou organização?*
- *O que você pode lhes dizer sobre a contribuição que está qualificado para fazer?*

Pesquisar também pode significar descobrir uma pessoa que possa ajudá-lo a conseguir uma entrevista. A firma de recrutamento de executivos Russell Reynalds estima que 70% dos empregos sejam conseguidos por meio de contatos pessoais.

Caro Charlie,
Estou anexando o currículo de uma pessoa que acho que você deve entrevistar.

O currículo é, com frequência, a primeira informação detalhada a seu respeito que um possível empregador receberá. É a primeira impressão que ele tem de você. Não a impressão final — esta quem passa é *você* — pessoalmente.

O que é importante em um currículo

O currículo resume os fatos a seu respeito, sua instrução e experiência relevantes para o emprego que deseja. Mas o ponto mais importante é que ele o posiciona na mente do leitor ou entrevistador.

Resuma o que tem a oferecer (ou o que deseja)

A parte mais importante é um título que sintetize o que você tem a oferecer a um empregador em perspectiva do ponto de vista de experiência, habilidades, resultados ou interesses, ou de seu objetivo no emprego. Não seja pessimista concluindo imediatamente que não tem as qualificações necessárias. Quase todas as pessoas têm mais do que percebem, mas um número impressionante delas não consegue reunir essas qualificações de forma coerente ou são pregui-

200 | A ESCRITA DOS LÍDERES

çosas demais para pensar em como elas se relacionam com a pessoa que está recebendo a solicitação.

Coloque o resumo na parte de cima do currículo, em negrito.

14 anos de experiência em marketing, comprovada habilidade na criação de marcas

Executivo de tecnologia da informação com histórico em reengenharia de processos de negócios

Objetivo — cargo de treinamento de gerentes no setor varejista

Pense a respeito desse resumo mais do que em qualquer coisa que venha depois. Trabalhe nele, disseque-o.

Torne-o o mais fácil possível para que um possível cliente decida que você pode ser um candidato para a vaga existente — e se vale a pena dar o passo seguinte e convidá-lo para uma entrevista. Lembre-se de que seu objetivo é conseguir uma entrevista, não um lugar no arquivo.

O currículo deve ser simples

Atenha-se às formas clássicas e convencionais. Um empregador em perspectiva que se veja diante de uma pilha de solicitações não se sentirá atraído por aqueles que mais parecem um enigma.

Nada de formatos extravagantes ou pop-ups. Uma página A4 padrão com 21cm × 29,7cm, projetada para se encaixar em um envelope comercial número 10 quando dobrada em três partes, e em arquivo convencional, fácil de achar para futura referência, é o *único* estilo profissional. Ele deve ser elegante, não cheio de detalhes. Evite muitos itálicos e negritos, fontes especiais, papel colorido. Os currículos em vídeo raramente são aceitáveis, a não ser nas empresas em que a indústria de entretenimento esteja na moda.

O currículo deve ser lógico e objetivo — e verdadeiro. Torne fácil para o leitor entender quem você é e acompanhar sua carreira. E redija-o pessoalmente. Nenhum consultor profissional o conhece como você conhece a si mesmo e tampouco tem tanto interesse em que você consiga um emprego.

O currículo deve ser breve. Procure compô-lo em uma página, no máximo duas. Se você tiver pouca experiência, encher linguiça não vai adiantar. Se tiver décadas de experiência, fará boa impressão atendo-se aos pontos mais importantes. Não se esqueça de que haverá uma carta de encaminhamento e uma entrevista, nas quais você poderá desenvolver quaisquer pontos que deseje enfatizar.

O que incluir e o que deixar de fora

Deixe de fora o que for velho e secundário para poder realçar os pontos *importantes*. Você não precisa colocar tudo no currículo: guarde algumas coisas para a entrevista. Deixe de fora os prêmios que recebeu no ensino médio, o cargo de presidente dos assuntos sociais do diretório acadêmico, as realizações secundárias. Deixe de fora "Referências disponíveis se solicitadas" — se as desejarmos, nós as solicitaremos. Inclua tudo o que aponte para como você seria competente na função.

202 | A ESCRITA DOS LÍDERES

Certifique-se de que descreveu suas realizações tendo em mente o resultado, não a atividade. É importante para o leitor saber até onde você deslocou a pedra, e não quanto tempo passou empurrando-a.

Não existe um estilo perfeito para todos. O currículo representa *você*, e você não é como todo mundo. Um formato proveitoso é dividir o currículo em duas partes — uma rígida cronologia dos empregos e responsabilidades, seguida por uma página que destaca as realizações significativas.

Comece inserindo tudo; depois, reduza o conteúdo para mais ou menos uma página, eliminando os pontos desprezíveis ou que sejam quase irrelevantes. Se eles não justificarem diretamente a sua solicitação, retire-os ou reduza-os. Atenha-se aos fatos e seja específico.

As pessoas colocam as coisas mais estranhas nos currículos. O teste para verificar o que se deve incluir é o mesmo que para qualquer outra coisa que você escrever: é relevante? É verdadeiro?

Eis alguns outros conceitos básicos:

O que incluir

- Primeiro, as coisas mais importantes. Nome, endereço e número de celular na parte de cima. O número do telefone fixo e o endereço de e-mail também.

- Declare qual o seu objetivo no emprego — baseado nos fatos, sem adornos. Um empregador em perspectiva não se importa se você deseja um "cargo que envolva desafios". (Às vezes, achamos que contrataríamos sem nunca sequer ter visto qualquer pessoa que estivesse disposta a despachar diariamente todo aquele trabalho nada desafiante.)

- Algumas pessoas estão qualificadas para seguir carreiras alternativas — na área jurídica ou financeira, por exemplo. Se esse for o caso, prepare dois currículos diferentes — um para cada objetivo —, com o equilíbrio do currículo adaptado a cada um deles.

- Relacione os empregos anteriores, incluindo o local e as datas — começando pelo mais recente.

- O empregador está mais interessado no que você estava fazendo nesses últimos tempos do que no que fez há dez anos. Se você adquiriu sua experiência mais relevante há alguns anos em um emprego anterior, destaque esse fato incluindo mais detalhes a respeito disso no currículo, e não alterando a ordem.

- Se você esteve desempregado em algum momento da carreira ou trabalhou para empresas que não existem mais, poderá ficar tentado a omitir essas experiências. Resista à tentação. Preencha todas as lacunas; caso contrário, dará a impressão de que está escondendo alguma coisa. Com relação ao período em que esteve desempregado, simplesmente diga algo como "1997-1999 Projetos pessoais", ou o que quer que seja verdade.

- Inclua alguma definição do tamanho da empresa na qual você trabalhou, como vendas, a não ser que o porte dela seja óbvio para qualquer leitor. Descreva a abrangência das responsabilidades e, o que é mais importante, de *suas* realizações. Seja sincero; se fazia parte de uma equipe, informe isso. Não exagere.

204 | A ESCRITA DOS LÍDERES

- Inclua todos os diplomas universitários ou de pós-graduação, com as respectivas datas. Deixe o ensino médio de fora (a não ser que esteja se candidatando a um primeiro emprego ou tenha frequentado uma escola fora do comum).

- Relacione quaisquer conselhos de diretoria dos quais faça parte, associações profissionais ou de classe, organizações comunitárias ou de serviços voluntários, colocando as mais importantes em primeiro lugar.

- Relacione quaisquer artigos ou livros que tenha publicado.

- Se tiver acabado de sair da faculdade ou de uma pós-graduação, as atividades extracurriculares poderão ser relevantes.

- Aborde brevemente fatos pessoais significativos. *Brevemente*. Relacione todas as habilidades especiais, como as tecnológicas ou o domínio de uma língua estrangeira. Hoje em dia, a natureza e o grau de seu conhecimento de computadores pode ser importante em muitos empregos. Nunca se sabe quando essas habilidades secundárias poderão ser o fator decisivo para você conseguir uma entrevista, ou até mesmo um emprego.

O que deixar de fora

- *A idade ou o sexo* — isso não é fundamental, raramente é relevante, e a lei diz que não podem perguntar.* No en-

---

*Apenas nos Estados Unidos. (*N. da T.*)

tanto, é claro que os possíveis empregadores descobrirão se você é homem ou mulher e terão uma boa ideia de sua idade a partir das datas incluídas no currículo.

- *Distinções ou prêmios* — a menos que sejam genuinamente importantes na área.

- *Altura e peso* — a menos que sejam relevantes para os requisitos do emprego.

- *Viagens* — a menos que sejam relevantes.

- *Exigência salarial* — se for apropriado, inclua na carta de encaminhamento.

- *Hobbies* — ninguém está interessado.

- *Raça ou religião* — é melhor deixar de fora. A lei diz que não podem perguntar.

- *Clubes* — desnecessário.

- *Fotografia* — somente os iniciantes parecem incluir uma foto.

O currículo deve ser perfeito e profissional. Sem erros de digitação. Sem erros de ortografia. Um pequeno erro de digitação depreciará um currículo sob outros aspectos excelente. Ele passa a impressão de ser não profissional, descuidado e envia os sinais errados. Você não precisa ter o custo de imprimir o currículo em uma gráfica, mas imprima-o em uma impressora a laser ou de jato de tinta. A impressão deve ser bem nítida, sem manchas.

Tome cuidado com as abreviações; as pessoas poderão não saber o que significam. Forneça o nome completo de empresas, associações profissionais, órgãos governamentais.

Retire todas as palavras desnecessárias. Encurte tudo a ponto de escrever em um estilo telegráfico — sem verbos, artigos ou conectivos. Escreva na terceira pessoa: "Gerenciou um departamento com 64 funcionários", e não "Gerenciei...".

Em seguida, mostre o currículo para alguém que possa lhe oferecer uma nova perspectiva e que o conheça bem o bastante para perguntar "É realmente isso que você estava querendo dizer?", "Isto é relevante?", ou "E daí?".

A carta que faz com que o seu currículo seja lido

Nunca envie um currículo sem uma carta de encaminhamento. Examinar um currículo leva tempo. Os empregadores decidem a partir da carta de encaminhamento se o currículo é digno desse tempo — o que poderá, em última análise, conduzir a uma entrevista.

A carta é sua oportunidade de enfatizar os principais atributos que deseja fixar na mente do leitor. Vale a pena refletir a respeito do que deseja dizer na carta e tomar cuidado com a maneira como o diz.

Eis alguns pontos que você deve ter em mente:

1. Pense a respeito do leitor

O que você pode oferecer que beneficiará o empregador em perspectiva? Você tem alguma experiência, treinamento ou formação relevante?

Ao nos reunirmos com um jovem estudante de Direito, ficamos perplexos com o rascunho de uma carta que ele escreveu candidatando-se a um emprego na Agência de Proteção Ambiental [EPA]. Quase todos os parágrafos começavam por "Eu", enquanto descrevia suas credenciais esplêndidas. Uma carta melhor — que principiava com as necessidades do leitor, e não com as virtudes do autor da carta — começou da seguinte maneira:

> De acordo com notícias recentes, a agência está sob enorme pressão de pessoal e orçamento, e é óbvio que os senhores precisam de pessoas que possam agir com rapidez e trabalhar arduamente. Apresento a seguir várias razões pelas quais minha formação e minha experiência deverão ser proveitosas para a EPA.

Procure selecionar um benefício que seu ingresso trará para a organização.

2. Identifique o tipo de cargo que está procurando

Especifique-o com clareza e sem enrolar. Diga o que o levou a solicitar o emprego — um anúncio classificado, a recomendação de um amigo, a reputação da empresa.

A carta de um candidato ao cargo de analista financeiro começou da seguinte maneira misteriosa:

208 | A ESCRITA DOS LÍDERES

Prezado Sr. Ball,
    Já estamos na primavera — ocasião para pensar em plantar sementes. Algumas sementes são pequenas, como as da macieira. Outras são maiores, como a do coco, por exemplo. No entanto, grande ou pequena, a semente pode crescer ou florescer se plantada no solo adequado.

O candidato teria se saído melhor se tivesse começado assim:

Prezado Sr. Ball,
    Tenho conhecimento de que o senhor está procurando um analista financeiro.

É melhor ir direto ao ponto, mesmo que seja banal, do que seguir um caminho sinuoso, mesmo que inventivo. O Sr. Ball deseja saber do que se trata a carta, não tem tempo para jogos de adivinhação.

Eis uma abordagem direta que conduziu a um emprego:

Escrevo esta carta em resposta a uma conversa recente com Mary Brown, na qual ela sugeriu que minha experiência em melhoria contínua de processos poderia se adequar muito bem às suas necessidades atuais.

Em minha posição atual como Líder de Qualidade Consultor/ Master Black Belt na General Equipment Systems, sou responsável por usar minhas habilidades em melhoria de processos e facilitação de equipes em apoio a uma grande variedade de projetos de qualidade.

Não siga o exemplo do homem que teve as tonsilas removidas pelo umbigo apenas para ser diferente.

3. Desperte o interesse do leitor

Com frequência, você pode ir direto ao assunto de maneira que acrescente um elemento adicional de interesse.

De acordo com os rumores, há três meses a sua empresa está procurando um analista financeiro experiente. Se for esse o caso, é estranho que só agora estejamos nos conhecendo, nessa comunidade tão pequena.

Isso não é a mesma coisa que tentar atrair uma atenção favorável adulando um possível empregador, o que não funciona:

Há muito admiro sua empresa como uma das mais conceituadas e profissionais do país. Está claro que seu sucesso não pode ser atribuído ao acaso ou à mera coincidência.

A lisonja ainda pode ter seu lugar nos negócios, mas apresentar-se como um adulador não impressionará a maioria dos empregadores.

Eis duas apresentações que vão direto ao ponto de maneira interessante:

Prezada Sra. Page,
A senhora está precisando de um contador excepcionalmente rápido? Se for esse o caso, eu talvez seja a pessoa de que precisa.

210 | A ESCRITA DOS LÍDERES

Prezado Sr. Kilgour:

Nosso amigo em comum Charles Hartigan recomendou com insistência que eu lhe escrevesse a respeito de seu plano de criar um departamento de publicidade. Gostaria de ajudar o senhor a configurá-lo, e sou extremamente capaz de fazer isso, como poderá verificar em meu currículo.

4. Dirija-se à pessoa, nunca ao cargo dela

Não enderece seu envelope assim: *A/C — Diretor de Pessoal, Gerente ou Chefe do Departamento de Contabilidade.*

Jogamos fora as solicitações dirigidas apenas ao *Diretor de Criação* ou *Presidente do Conselho Administrativo* por achar que, se o autor da carta era preguiçoso demais para descobrir o nome de uma pessoa, seria preguiçoso demais para fazer um bom trabalho.

Escreva todos os nomes corretamente. A frequência com que os candidatos a emprego escrevem os nomes errado, inclusive o nome da empresa para a qual desejam trabalhar, é realmente impressionante. A mensagem que é passada, mesmo antes de lermos a carta é a seguinte: "Este candidato não pode estar seriamente interessado em trabalhar aqui."

Confira e reconfira todos os nomes, mesmo aqueles que você acha que conhece. Tem certeza de que é "Field" e não "Fields"? O nome dele é Eliot ou Elliot? Ela se chama Ann ou Anne?

5. Seja específico e atenha-se aos fatos

Uma vez que tenha deixado claro o cargo que deseja, descreva suas qualificações. Evite abstrações egoístas como:

A ambição combinada à busca da excelência é um dos meus pontos mais fortes.

Pergunte a si mesmo como se sentiria dizendo essas palavras para um empregador em perspectiva. Se isso o deixaria constrangido pessoalmente, não ponha no papel.

Então, como você indica as características pessoais que poderão estar entre suas qualificações mais importantes? Seja específico. Forneça evidências que respaldem a inclusão de qualquer habilidade e descreva essas evidências com exatidão.

Minha experiência inclui atividades como:

Utilizar metodologias de melhoria contínua de processos e ferramentas de qualidade na reestruturação de processos da empresa para reduzir condições defeituosas e aumentar a lucratividade

Trabalhar estreitamente com os departamentos para identificar oportunidades para melhorias de processos

Atuar como coach/mentor de equipes na utilização de ferramentas de qualidade, como os gráficos de Pareto, diagramas Espinha de Peixe ou de Causa e Efeito, diagramas de Dispersão, análise de Regressão, Experimentos Projetados e outras

212 | A ESCRITA DOS LÍDERES

Estabelecer diagramas de controle para ajudar executivos de alto escalão a avaliar com precisão a estabilidade de seus processos e a capacidade de atender às exigências dos clientes

Projetar um sistema de gerenciamento de projetos que possibilite que os altos executivos entendam e administrem os respectivos departamentos como uma série de processos inter-relacionados

Detalhes adicionais estão incluídos no currículo em anexo.

Mencione suas realizações mais importantes no mesmo estilo casual. Inclua as responsabilidades pertinentes. Nunca se vanglorie, mas não hesite em citar evidências autênticas de seu valor. Se você não se autopromover, quem vai fazê-lo?

6. Seja pessoal, direto e natural

Você é um ser humano escrevendo para outro ser humano. Nenhum dos dois é uma instituição. Seja prático e atencioso, mas não formal e impessoal.

Quanto mais sua carta soar como você, mais ela se destacará das cartas de seus concorrentes. Mas não tente deslumbrar o leitor com sua personalidade faiscante. Você não se exibiria em uma entrevista; por que fazer isso em uma carta? Se fizer com que cada frase soe da maneira como a diria pessoalmente, sua carta demonstrará bastante personalidade.

A maioria das cartas de apresentação dá seu recado mais ou menos em meia página; poucas são mais longas do que uma página. Se sua carta de encaminhamento parecer maior do que seu currículo, terá sido contraproducente.

Ela deve ser breve.

7. Proponha um passo seguinte específico

Você escreverá para uma pessoa ou para um número de caixa postal. Em ambos os casos, encerre a carta com uma declaração clara e precisa de como deseja prosseguir para uma entrevista — lembre-se de que esse é seu objetivo, e não obter uma resposta como "Manteremos seu currículo em nosso banco de colaboradores"

Evite sandices como:

Espero ter notícias em breve.

Obrigado pelo tempo e consideração.

Aguardo ansiosamente a oportunidade de discutir uma colocação com o senhor.

Todas essas conclusões colocam o ônus do passo seguinte em seu atarefado possível empregador. Por que fazer com que outra pessoa trabalhe em seu benefício? Faça você mesmo o trabalho.

Telefonarei para seu escritório na quarta-feira à tarde para verificar se o senhor gostaria de me receber para uma entrevista.

Estou livre para fazer entrevistas todas as manhãs até as 8h45 e às quintas-feiras após as 14h30. Telefonarei para seu escritório na terça-feira à tarde para verificar se o senhor gostaria de me receber em algum desses horários.

Nesse estágio, você deve se oferecer para telefonar. Um telefonema torna as coisas fáceis para a outra pessoa. Se você

214 | A ESCRITA DOS LÍDERES

não ligar, alguém terá que se dar ao trabalho de telefonar ou escrever para você.

Ou você pode encerrar a carta da seguinte maneira:

Se o senhor quiser me receber para uma entrevista, poderá entrar em contato comigo ligando para o meu celular (0000-0000) antes das 8h30 ou após as 18 horas nos dias úteis, ou a qualquer hora nos fins de semana. Posso me ausentar do trabalho por algumas horas, exceto na segunda-feira; o melhor dia para mim seria terça-feira pela manhã.

A ideia é tornar o processo o mais simples possível para seu empregador potencial fixar um horário conveniente para ambos.

8. Envie cartas diferentes para destinatários diferentes

Com exceção dos casos assinalados na discussão anterior do currículo, você provavelmente enviará o mesmo currículo para todos os possíveis empregadores. No entanto, talvez não seja interessante se dirigir a todos eles exatamente da mesma maneira na carta de encaminhamento.

Algumas de suas qualificações podem ser mais importantes para um empregador do que para outro. Procure adaptar a carta às necessidades de cada vaga.

Envie muitas cartas. Encontrar o emprego certo no menor prazo possível é, em parte, como jogar na loteria. Envie a carta com o currículo para o maior número possível de pessoas em uma organização; é impossível prever onde estarão as oportunidades. E remeta-os para muitas empresas. Quanto mais pessoas lerem seu currículo, maior as chances de que uma delas tenha uma vaga aberta e o chame para uma entrevista.

Envie uma segunda carta se não obtiver resposta depois de algumas semanas. É possível que o destinatário estivesse viajando, que sua solicitação tenha sido erroneamente descartada sem ser vista, que tenha sido esquecida ou que tenha surgido uma vaga que não existia quando você escreveu pela primeira vez.

9. Faça o acompanhamento da entrevista por escrito

Você se destacará da maioria dos outros candidatos pelo simples ato de enviar uma breve carta de acompanhamento confirmando o interesse e expressando apreço pela entrevista. Pouquíssimas pessoas fazem isso, de modo que você irá para o topo da lista do entrevistador — pelo menos no item interesse e cortesia.

Procure encontrar alguma coisa específica para comentar, algo além de um "obrigado" mecânico.

Prezada Sra. Oldham,

Depois que saí de sua sala, me dei conta de que tínhamos conversado por mais de uma hora. Foi uma conversa estimulante, que fez com que o emprego parecesse ainda mais interessante.

A senhora mencionou a necessidade de contratar alguém que realmente entenda o consumidor. Espero que tenha em mente que passei três anos vendendo fogões de porta em porta e mais cinco trabalhando em uma firma de pesquisas. Calculo que eu tenha passado 5 mil horas conversando pessoalmente com cerca de 3 mil consumidores em vinte estados.

216 | A ESCRITA DOS LÍDERES

Não importa o que escrever, não seja efusivo demais nem rasteje. Não exagere sobre o quanto gostou da entrevista ou o interesse pelo emprego. Nesse caso, como em tudo o que escrever, o melhor é ser sincero.

Se você não conseguir o emprego, não desista — ainda mais quando sentir que causou uma impressão favorável. Descubra maneiras de permanecer em contato com qualquer pessoa que já tenha uma boa impressão de você. Uma carta de vez em quando pode garantir que a pessoa pensará em você caso surja uma vaga adequada, ou caso o entrevistador tenha conhecimento de uma colocação semelhante em outra empresa. Você pode enviar um *clipping* de vez em quando sobre algum assunto de interesse mútuo, acompanhado por uma breve mensagem. Pode relatar alguma atividade que tenha surgido depois da entrevista e diga respeito à linha de trabalho que está procurando. Ou pode simplesmente reafirmar seu interesse.

Se nada funcionar, talvez precise de um treinamento mais relevante ou outra experiência. Uma placa no departamento de colocação de uma faculdade dizia o seguinte:

SEU CURRÍCULO JÁ É EXCELENTE

(Mude sua vida!)

Quando Michael Capellas foi eleito CEO da Compaq, ele se deu conta de que nunca havia elaborado um currículo durante a carreira. A maneira ideal de conseguir um emprego melhor é fazer um trabalho excelente onde você estiver.

O CURRÍCULO ELETRÔNICO

"Os currículos eletrônicos, os anúncios digitais de contratação, as buscas digitais de currículos — é tudo uma reconstrução da infraestrutura", declara Andy Grove, presidente do conselho administrativo da Intel.

Nenhum currículo foi enviado pelo correio por Jason Spero, que conseguiu sua entrevista na RealNames, na Califórnia, distribuindo o currículo por sites, de e-mails direcionados que o relacionavam no serviço de registro de currículos on-line de sua escola.

Depois de um encontro inicial, uma correspondência por e-mail conduziu ao emprego desejado. "Um e-mail é menos ameaçador do que um telefonema", explica Spero. "A pessoa não vai achar 'Oh, céus, ele vai ficar me telefonando o tempo todo, e não tenho um identificador de chamadas'. Nunca fui mais ameaçador do que um item individual em um computador."

Praticamente metade das empresas Global 500 está contratando ativamente na internet, informa a revista *Fortune*. Pelo menos 28.500 portais de empregos relacionam oportunidades. Programas de software escrevem seu currículo e oferecem coaching para entrevistas. A Compaq recebe 85% dos currículos por vias eletrônicas. E não são todos da área técnica: dois terços das pessoas que procuram empregos on-line são profissionais de áreas não técnicas, diz um boletim informativo.

"Um dos grandes niveladores da internet é que ela possibilitou que as pequenas empresas fiquem em evidência", declara outra pessoa que conseguiu um emprego por meio da internet. "Antigamente, nem mesmo sonharíamos em ver essas empresas. Eu nunca teria sido capaz de me conectar com uma *start-up* como essa, e fomos feitos um para o outro."

Embora esse veículo de recrutamento ainda esteja em seus primeiros dias, não é cedo demais para observar suas implicações para os currículos eletrônicos. Eles precisam ser lidos com facilidade e escaneados em busca de palavras-chave. Os scanners óticos catalogam, classificam e acessam os currículos, buscando os pormenores — o nome de programas de software que o candidato domina, por exemplo, e não generalidades como "familiarizado com todos os programas de software relevantes". As buscas eletrônicas funcionam melhor com textos comuns e simples, sem negritos, itálicos, sublinhados ou fontes sofisticadas (use Arial ou Times New Roman). Evite marcadores, travessões ou símbolos semelhantes que não são letras ou números — eles confundem os scanners.

É especialmente importante ter um objetivo claro. "Você tem apenas meia tela para impressionar um recrutador", comenta um especialista em buscas de emprego. "Eles não querem rolar o texto para baixo para descobrir o que você pode fazer."

O currículo na próxima página, com um acompanhamento por e-mail, ajudou uma pessoa a conseguir um emprego na área da tecnologia da informação [TI].

O objetivo era conseguir um emprego no mundo on-line, de modo que o currículo relaciona endereços URL e de e-mail (mais o telefone e endereço residenciais).

O currículo conta uma história esplêndida com clareza.

Ele começa com a experiência mais recente, a escola de negócios, citando realizações acadêmicas e de liderança.

Mostra dois excelentes empregos de verão, descrevendo realizações e atividades.

Demonstra propósito — a opção de trabalhar em uma empresa famosa na área da tecnologia (Microsoft), deixar o mundo da internet para frequentar uma escola de negócios, antes de voltar para uma empresa de software.

Há uma quantidade suficiente de informações pessoais que mostram que o candidato tem amplos interesses.

E tudo isso é incluído em uma única página.

Poderíamos ter preferido começar com um título contendo a experiência relevante ou os objetivos (OBJETIVO: CARGO DE GERÊNCIA EM UMA EMPRESA DA INTERNET), mas nossa recomendação é genérica, não uma fórmula, e nesse caso funcionou.

220 | A ESCRITA DOS LÍDERES

JASON SPERO
[endereço, telefone, e-mail, URL]

ESCOLARIDADE

1997 — presente J. L. KELLOG GRADUATE SCHOOL OF MANAGEMENT NORTHWESTERN UNIVERSITY Evanston, Illinois. Candidato ao Grau de Mestre em Administração, junho de 1998, Lista do Decano.
- Especialização em gestão e estratégia, empreendedorismo e marketing
- Presidente do Clube High Tech (200 membros, orçamento anual US$15 mil)
- Presidente do Clube de Futebol (100 membros, orçamento anual US$10 mil)

1990-1994 AMHERST COLLEGE Amherst, Massachusetts. Bacharel em Humanidades (BA) em ciência política, maio de 1994 *[Lista de atividades esportivas e prêmios durante a graduação]*

EXPERIÊNCIA PROFISSIONAL

1998 MICROSOFT CORPORATION Redmond, Washington. Estagiário de Gerenciamento de Produtos, Grupo Windows NT Server 5.0
- Criou Partners Program for Windows NT Server 5.0. para vendedor independente de software (ISV) *[Lista de elementos específicos do programa]*
- Desenvolveu um plano de marketing a longo prazo para parcerias estratégicas de ISV para o lançamento do Windows NT.
- Criou e gerenciou pesquisas de mercado básicas para serem usadas no desenvolvimento de estratégias de posicionamento para o lançamento do Windows NT 5.0.

KENNETH ROMAN E JOEL RAPHAELSON | 221

DONALDSON, LUFKIN & JENRETTE, INC. Nova
York, N.Y.

1997   Assistente, Divisão de Bancos de Investimento
[Lista de responsabilidades e realizações]

1994-1997   Analista, Divisão de Bancos de Investimento
[Lista de responsabilidades e realizações]

INFORMAÇÕES PESSOAIS

Agente de Angariação de Fundos de Ex-alunos para a Turma de Amherst de 1994.
Treinador de futebol de jovens.
Gosta de viagens, labradores pretos, vinho, basquete, futebol e mergulho subaquático.
Viajou amplamente pela Espanha e pela Itália. Está aprendendo a tocar gaita.

12. Edite a si mesmo

Nunca envie o primeiro rascunho de uma coisa importante. Os bons autores consideram a edição uma parte essencial do processo de redação, não apenas um polimento perfeccionista. O grande compositor de música popular Jerome Kern se esforçava para aperfeiçoar suas melodias maravilhosamente suaves; seu colaborador, Oscar Hammerstein II, descreveu o processo: "A suavidade só é alcançada quando eliminamos a aspereza. Nenhuma das melodias dele nasceu suave."

Nada que você escrever tampouco nascerá suave. Edite o texto para eliminar a aspereza. Edite para:

Abreviar
Aguçar e tornar mais claro
Simplificar
Verificar a exatidão e a precisão
Melhorar a ordem e a lógica
Certificar-se de que não deixou de incluir nada
Rever o tom
Aprimorar a aparência
Examinar tudo a partir do ponto de vista do leitor

A primeira regra: se não for essencial, suprima. Examine o rascunho uma vez fazendo apenas a seguinte pergunta: *O que posso descartar?* Elimine palavras, frases e parágrafos desnecessários. Mark Twain disse que os escritores deveriam, por princípio, riscar uma em cada três palavras: "Você não tem ideia de como isso adiciona vigor ao estilo."

O conselho de Twain funciona especialmente nos e-mails — sua mensagem salta aos olhos. Antes de apertar a tecla Enviar, experimente a tecla Delete.

A primeira vez que escrevemos o parágrafo anterior — antes de editá-lo —, ele era duas vezes mais longo (e não tão comunicativo).

Percorra o rascunho uma segunda vez com as seguintes perguntas em mente:

1. Você está usando as palavras certas?

Ao elaborar um rascunho, você acelera o processo se escrever *qualquer coisa*, mesmo que seja apenas uma aproximação do que deseja dizer. Mas nunca se contente com uma aproximação rudimentar no rascunho final. Você escolheu os verbos e adjetivos que expressam seu significado com exatidão? Poderia ser menos abstrato e mais prático? Esmiúce cada ideia importante.

2. Você colocou tudo na ordem certa?

Originalmente, essa questão era abordada mais adiante no capítulo. Ao fazer a edição, chegamos à conclusão de que

224 | A ESCRITA DOS LÍDERES

ela era a segunda coisa mais importante — e estava estreitamente relacionada ao ponto que vem em seguida.

Os bons autores mudam muito as coisas de lugar. Isso costumava ser um processo trabalhoso que exigia tesoura, fita adesiva e muita paciência. Com o recurso de Recortar e Colar do processador de texto, você pode desmontar o trabalho e montá-lo novamente em um piscar de olhos.

Muitos bons autores imprimem uma cópia de cada rascunho para poder comparar com mais facilidade a versão revisada com uma anterior. Não é incomum decidir que, no fim das contas, algumas das mudanças não representaram nenhuma melhora.

3. Existem falhas no argumento?

Coloque-se no lugar do leitor. Tudo está seguindo uma lógica? Não espere que ele vá saltar de ponto para ponto como um bode em uma encosta rochosa. Certifique-se de que o caminho está claro, suave e bem marcado.

4. Os fatos que você apresenta estão corretos?

Verifique todas as estatísticas e exposições de fatos. Um único erro pode abalar a confiança do leitor no documento. Em particular, verifique as citações. "Costumo fazer muitas citações", afirma um autor erudito. "Eu sempre as verifico, mesmo quando não tenho nenhuma dúvida. E *sempre* estou errado."

5. O tom está certo?

Formal demais? Íntimo demais? Ausência de calor humano? Rude? Coloque-se no lugar do leitor e modifique qualquer coisa que você, na condição dele, poderia achar ofensivo.

Do primeiro para o segundo rascunho: um exemplo

Eis alguns exemplos extraídos do mesmo documento, que mostram como a edição reduziu, aguçou e tornou mais claro o que o autor estava tentando dizer:

Primeiro rascunho	Segundo rascunho
A maneira como o consumidor percebe a marca mudou positivamente.	*A opinião do consumidor melhorou.*
Gerar interesse na promoção por meio de níveis elevados de gastos com propaganda.	*Anunciar intensamente para desenvolver o interesse pelas promoções.*
Deixar de fazer propaganda do produto e passar a fazer uma campanha educacional, campanha essa que informaria os espectadores a respeito de coisas como...	*Abandonar a propaganda do produto e adotar uma campanha educacional em assuntos como...*

226 | A ESCRITA DOS LÍDERES

(cont.)

Primeiro rascunho	Segundo rascunho
Ao usar os recursos de nossa organização na Europa, além de nosso escritório em Chicago, fomos capazes de apresentar à diretoria alternativas que eles desconheciam antes.	*Nossos escritórios na Europa e em Chicago produziram alternativas que a direção desconhecia.*
Baseados no pequeno orçamento deles, desenvolvemos um plano de mídia baseado na eficiência de atingir o público-alvo.	*Desenvolvemos um plano de mídia que aumenta a eficiência do pequeno orçamento deles, concentrando-se nos possíveis clientes.*

Duas dicas simples de edição

Por mais competente que já seja como editor, você se tornará ainda melhor se seguir estas duas práticas:

Deixe passar algum tempo entre os rascunhos.

Peça a opinião de outras pessoas.

Imprima uma cópia do rascunho. Deixe-a de lado. Afaste-se dele pelo menos por uma noite. Volte a examiná-la pela manhã. Você o verá com novos olhos. As imperfeições que estavam invisíveis na véspera saltarão aos olhos. Por meio de uma alquimia do tempo, você saberá o que fazer a respeito delas.

Quando pedir comentários de outras pessoas — colegas, amigos, qualquer pessoa cuja opinião respeite —, estará fazendo com que elas trabalhem para você. Se as sugestões de alguém forem úteis, agradeça e use-as. Se discordar delas, agradeça e não as utilize. Você não precisa argumentar ou provar que a pessoa que consultou está errada. O trabalho é seu, e é você quem toma as decisões. Irá descobrir que quase todo mundo detectará *alguma coisa* que você deixou passar. Essas consultas podem ser valiosas mesmo que descubra apenas um ponto que não está claro.

O falecido David Ogilvy enviava versões preliminares de todos os documentos importantes para vários de seus colaboradores com a seguinte instrução escrita à mão: *Por favor, melhore.* Ele foi o beneficiário de tantas melhoras que viveu os últimos 25 anos de vida em um castelo com sessenta aposentos na França.

228 | A ESCRITA DOS LÍDERES

A edição melhorou quase todas as páginas do livro que você está lendo:

20/9/1999

Capítulo 4

E-MAIL — A GRANDE CAIXA DE CORREIO NO CÉU

Lá estava Papai Noel no palco do Rádio City Music Hall em Nova York, lendo cartas de Natal como se não fosse nada especial, anunciando a milhares de crianças e adultos que também podiam entrar em contato com pelo site em *Santa.com*. E ninguém nem piscou. Nós nos deslocamos de *baby boomers* para a geração X e para a *geração.com*.

~~Há um enorme abismo entre o correio tradicional e o e-mail. Quer~~ você conte mensagens eletrônicas em bilhões ou trilhões, elas estão substituindo uma grande quantidade de correspondência convencional.

O e-mail faz coisas que as cartas ou os telefonemas não podem fazer tão bem ou simplesmente não podem fazer. Ele é fácil, rápido, simples — e barato. É perfeito para respostas rápidas, confirmar planos e mensagens breves. Economiza dinheiro em telefonemas, mensageiros e contas de carga aérea.

Com o e-mail, os ~~phone tag~~ *FUSOS HORÁRIOS* desapare~~ce~~. Bem co~~mo os fusos horá-rios. Envie-o quando for conveniente para você~~ VOCÊ CONSEGUIR o *PHONE TAG* ~~e o destinatário o abrirá quando for conveniente para ele.~~ Se ~~conseguir~~ entrar em contato com alguém por telefone, provavelmente vai interromper o que a outra pessoa estiver fazendo, mesmo que ela esteja apenas pensando. ~~Em contrapartida, o e-mail é educado.~~

(OM O E-MAIL, VOCÊ ENVIA O QUE QUER QUANDO É CONVENIENTE PARA VOCÊ E A PESSOA QUE O RECEBE O ABRE QUANDO É CONVENIENTE PARA ELA.

O e-mail ajuda as organizações a permanecer conectadas e a reagir rapidamente.

Toda a comunicação entre escritórios deveria ocorrer por e-mail, preconiza Bill Gates, "para que os funcionários, ao receberem as informações, possam agir com a velocidade de um reflexo". Ele continua recomendando que as reuniões não devem ser usadas para apresentar informações. "É mais eficaz usar o e-mail."

SUBLINHAR

Uma pessoa da *geração.com* também cita os benefícios desse endereço *permanente*: "A residência física das pessoas de minha geração muda constantemente, mas meu endereço de e-mail permanecerá comigo para sempre, de modo que as pessoas sempre serão capazes de se comunicar comigo."

ENTRA EM CONFLITO COM

~~O e-mail é fácil. Fácil demais, às vezes.~~ Sua ênfase na velocidade minimiza questões que merecem pensamento e reflexão. Existem ocasiões em que nada supera uma conversa para resolver o problema em questão, ou quando a cortesia requer uma carta bem-digitada ou escrita à mão.

ITÁLICO

Advertência: o e-mail pode ser viciante e criar seus próprios problemas. A ênfase dele na velocidade entra em conflito com questões que merecem pensamento e reflexão. Existem ocasiões em que nada supera uma conversa para resolver um problema, ou quando a cortesia requer uma carta bem-digitada ou escrita à mão. Os recém-chegados on-line, eufóricos com a descoberta, desejam irradiá-la para todo mundo. Pessoas maçantes e verborrágicas encontram grande audiência relutante. Pessoas com tendência natural para se esconder se protegem atrás de muros de e-mail, enviando-os para pessoas que estão a quatro mesas de distância.

13. Torne a leitura fácil

Se o que você escreveu parecer intimidante ou confuso, o leitor se prepara para uma provação antes de ler uma única palavra. "Isto vai dar trabalho" é a mensagem que você transmite.

Mas, se o que você escreveu *parecer* fácil de assimilar e compreender, será um bom começo. Isso já era verdade com relação aos documentos impressos, e agora é mais ainda com o e-mail. Quando uma mensagem tem mais do que algumas linhas, a formatação se torna um fator importante. Parágrafos que ocupam a tela inteira são quase impossíveis de serem lidos e demonstram pouca consideração com o leitor (bem como falta de um pensamento organizado da parte de quem enviou o e-mail).

Quase todos os programas de processamento de texto permitem que você tenha uma visão antecipada da aparência de páginas inteiras. Isso lhe dá uma ideia melhor do aspecto do documento do que páginas parciais na tela e pode ajudá-lo a decidir que melhorias podem ser necessárias. E a virtuosidade do processador de texto na formatação torna fácil executar essas melhorias.

Eis algumas maneiras de tornar tudo o que você escreve *profissional* — convidativo para ser lido, fácil de entender e simples de consultar.

1. Comece com um título

Coloque-o no centro, na parte superior, em maiúsculas. Isso orienta o leitor

O ESCRITÓRIO FECHA AO MEIO-DIA ÀS SEXTAS-FEIRAS

CONSEGUIMOS O NEGÓCIO

2. Mantenha os parágrafos curtos

Quando usar um parágrafo longo, desmembre-o em dois ou mais menores. Isso é particularmente útil nos e-mails.

3. Use recursos tipográficos para clareza e ênfase

A maioria das revistas e jornais de fácil leitura prefere o *itálico* ao sublinhado para enfatizar.

> *Para enfatizar ideias importantes, coloque-as em parágrafos recuados. Ao destacá-los, você os está enfatizando. O itálico confere uma ênfase ainda maior.*

Quando usar o sublinhado — em títulos, por exemplo, ou em epígrafes —, use um sublinhado contínuo em vez de um sublinhado de aparência cortada, uma palavra de cada vez, o que torna a leitura mais lenta.

232 | A ESCRITA DOS LÍDERES

Embora a cor e as fontes especiais em seu computador adicionem ênfase, elas não são percebidas como profissionais nos documentos. O uso judicioso da cor pode ser eficaz em *slide decks* e em outros tipos de apresentações visuais (quando não exagerado).

4. Pontos numerados, com letras ou com marcadores, ajudam o leitor a acompanhar o raciocínio

Esses recursos ficam com uma aparência melhor, alguns espaços à esquerda da margem do texto, como as letras a. e b. que se seguem:

a) Os processadores de texto colocam ferramentas em suas mãos que só estavam disponíveis para as gráficas. O negrito, por exemplo, pode tornar fácil para o leitor examinar os pontos principais. (Nós o usamos com essa finalidade no livro inteiro.)
b) "Suspender" as letras e os números na margem torna mais fácil seguir as divisões e subdivisões.

5. Use maiúscula e minúscula

Palavras e frases apenas com maiúsculas devem ser usadas com moderação, exceto no caso de títulos. Imprimir um texto em maiúsculas, que é caracterizado no mundo eletrônico como GRITAR, atua contra o público leitor. Há lugar para o uso frugal, ocasional — para uma explosão ou ênfase, como Bill Gates as utilizou em uma nota a seus colegas na Microsoft:

"Sou inflexível a respeito de NÃO apoiar" [a versão mais recente do Java da Sun Microsystems].

6. Desmembre grandes massas de texto

Use subtítulos, como os pontos numerados ao longo deste livro. Digite-os em maiúsculas e minúsculas, sublinhe-os ou coloque-os em negrito e deixe bastante espaço em cima e embaixo.

Em geral, é útil enviar longas mensagens de e-mail como anexos. Se for o caso, informe isso imediatamente: "Eis um anexo." E faça com que ele seja fácil de transmitir e de ler. É irritante receber apresentações por e-mail com cores extravagantes no texto e no fundo. São difíceis de ler, às vezes impossíveis, e o download leva uma eternidade.

7. Use espaços para separar os parágrafos

É mais elegante do que os recuos.

Use espaçamentos simples entre as linhas, espaço duplo entre os parágrafos. Os rascunhos de documentos para os quais você está solicitando comentários devem ter espaço triplo do começo ao fim, com margens muito largas. Isso facilita a edição.

8. Lide com os números de maneira homogênea

Os jornais em geral escrevem por extenso os números de dez para baixo e usam numerais de 11 em diante. Os editores de livros seguem outras regras. Independentemente do que faça, seja coerente.

É mais fácil entender grandes números quando você escreve US$60 milhões do que US$60.000.000 .

234 | A ESCRITA DOS LÍDERES

9. Os gráficos e as tabelas devem ser interessantes e fáceis de manusear

Se seu documento incluir quadros largos, não faça o leitor virá-los de lado para conseguir lê-los. Use encartes desdobráveis horizontais.

Avalie se os quadros precisam realmente estar no corpo do documento. Eles não poderiam ser colocados no fim, como apêndices? O documento parecerá menos intimidante se não for interrompido por gráficos e tabelas. Se você tiver que usar os quadros, a cor adiciona variedade e interesse.

Numere os apêndices e separe-os com abas. Isso os torna fáceis de serem encontrados.

10. Numere as páginas, até mesmo nos primeiros rascunhos

Se os elementos inseridos atrapalharem a ordem numérica, use 1A, 1B (à mão, se necessário), e assim por diante. Nada é mais irritante do que tentar encontrar um trecho em particular em um documento não numerado.

Antes de imprimir o rascunho final, passe os olhos no texto tendo em mente essas técnicas. O que você pode fazer para que ele pareça mais interessante? Onde seu significado será avivado por subtítulos, itálico, negrito, recuos, sublinhados, numeração? Escreva tanto para os olhos quanto para a mente.

Jargão jurídico — e difícil de compreender

(Nós não inventamos este texto. Ele chegou às nossas mãos exatamente assim.)

RESOLVIDO, que este Comitê, pelo presente: (1) aprova (a) a remuneração dos Diretores da Corporação para o ano fiscal de 2000; (b) a recompensa total para o desempenho do ano fiscal de 1999 sob o Plano de Desempenho Anual da Corporação (o "APP"); (c) (i) as concessões de Opções de Compra de Ações Não Qualificadas e Ações Restritas sob o Plano de Incentivo a Longo Prazo da Corporação (o "LTIP"), e (ii) as concessões das Ações Ordinárias da Corporação e os correspondentes pagamentos da remuneração "calculada por dentro"* para responder pelos impostos sobre essas concessões, com todas as concessões e pagamentos precedentes entrando em vigor na próxima Data de Avaliação e no Valor Justo de Mercado determinado nessa Data de Avaliação, todos esses termos definidos no LTIP; e (d) a revisão começando com o ano fiscal de 2000 dos Fatores de Desempenho e Fatores de Bonificação no Anexo 1 ao APP; (2) recomenda ao Conselho Diretor a remuneração e concessões de Opções de Compra de Ações Não Qualificadas para o CEO da Corporação, todas as ações referidas nas cláusulas (1) e (2) acima como mostrado nos Documentos 1 a 6 apresentados e arquivados com as minutas desta reunião; e (3) autoriza o Comitê Executivo da Corporação a ceder aos participantes da APP que não são Diretores da Corporação, quaisquer recompensas adicionais ou ajustes nas recompensas sob a APP, desde que essas recompensas e as recompensas individuais aprovadas como consequência disso não excedam a recompensa total aqui aprovada.

---

*Calcular "por dentro": somar de novo ao valor de um bem, um lucro ou uma receita o valor do imposto correspondente antes deduzido. *(N. da T.)*

236 | A ESCRITA DOS LÍDERES

Ainda jargão jurídico — porém, é possível compreender a ideia central do documento

(Nenhuma palavra foi alterada)

RESOLVIDO, que este Comitê, pelo presente:

Aprova

1. A remuneração dos Diretores da Corporação para o ano fiscal de 2000;
2. A recompensa total para o desempenho do ano fiscal de 1999 sob o Plano de Desempenho Anual da Corporação (o "APP");
3. (i) As concessões de Opções de Compra de Ações Não Qualificadas e Ações Restritas sob o Plano de Incentivo a Longo Prazo da Corporação (o "LTIP"), e (ii) as concessões das Ações Ordinárias da Corporação e os correspondentes pagamentos da remuneração "calculada por dentro" para responder pelos impostos sobre essas concessões, com todas as concessões e pagamentos precedentes entrando em vigor na próxima Data de Avaliação e no Valor Justo de Mercado determinado nessa Data de Avaliação, todos esses termos definidos no LTIP; e
4. A revisão começando com o ano fiscal de 2000 dos Fatores de Desempenho e Fatores de Bonificação no Anexo 1 ao APP;

Recomenda ao Conselho Diretor:

1. A remuneração e concessões de Opções de Compra de Ações Não Qualificadas para o CEO da Corporação;

2. Todas as ações referidas nas cláusulas (1) e (2) acima como mostrado nos Documentos 1 a 6 apresentados e arquivados com as minutas desta reunião; e

Autoriza o Comitê Executivo da Corporação a ceder, aos participantes da APP que não são Diretores da Corporação, quaisquer recompensas adicionais ou ajustes nas recompensas sob a APP, desde que essas recompensas e as recompensas individuais aprovadas como consequência disso não excedam a recompensa total aqui aprovada.

Outras dicas que o ajudarão a escrever melhor

Quase todas as pessoas que escrevem bem leem muito. Elas leem grande quantidade de textos de qualidade, antigos e atuais. Excelentes livros de ficção, ensaios, livros de história, textos jornalísticos. A leitura coloca em nossa cabeça a forma e o ritmo da redação de qualidade.

A nata dos colunistas de jornal serve como exemplo regular de como expressar de modo persuasivo um ponto de vista em um espaço limitado. Além dos colunistas que trabalham para redes de jornais, você encontrará diariamente uma variedade de textos de qualidade nas páginas dos artigos opinativos dos principais jornais. A maior parte deles é escrita por pessoas que, como você, não ganham a vida escrevendo. Elas aprenderam a apresentar suas ideias por escrito de maneira clara e vigorosa, que está à altura dos padrões dos principais editores.

Ler textos de qualidade o ajudará mais do que ler *a respeito* de textos de qualidade, e é muito mais divertido.

best.
business

Este livro foi composto na tipologia Palatino LT Std Roman,
em corpo 10,5/15, e impresso em papel off-set 75g/m² no Sistema
Cameron da Divisão Gráfica da Distribuidora Record.

TAMBÉM DISPONÍVEL EM EDIÇÃO DIGITAL. ISBN DO EBOOK: 978-85-68905-49-4